Grillen

mit

Alois Mattersberger

Einen herzlichen Dank
an meine treuen Seher,
meine geduldige Familie,
die vernachlässigten Freunde
und an meine
wunderbaren Mitarbeiter.
Eine wunderschöne Grillzeit!

Grillen
mit
Alois Mattersberger

Meine Lieblingsrezepte und die besten Tipps

Autor: **Alois Mattersberger**
Redaktion: **Andrea Klein**
Fotos: **Inge Prader · Ulrike Köb · Luzia Ellert**

Pichler Verlag

Autor: **Alois Mattersberger**
Redaktion: **Andrea Klein**
Fotos: **Inge Prader:** 2, 3, 12, 13, 20, 38, 50, 60, 70, 106, 118, 120, 136, 141, 153, 160
Ulrike Köb: 24, 27, 31, 33, 37, 41, 45, 56/57, 59, 63, 67, 69, 73, 77, 81, 83, 87, 89, 91, 95, 99, 103, 105, 109, 111, 114/115, 117, 121, 125, 129, 131, 133, 135, 139, 157, 162/163
Luzia Ellert: 22/23, 48/49, 54/55, 112/113, 142/143, 144/145
Thomas Apolt: 1, 8, 100

Mit freundlicher Unterstützung der Gärtnerei Lederleitner, 3452 Atzenbrugg, und der Firma Rössler, 1230 Wien.

www.mattersberger.com

ISBN 3-85431-309-8

www.styriapichler.at

Lektorat: Mag. Olivia Volpini
Umschlag- und Buchgestaltung: Bruno Wegscheider

Reproduktion: Eurografik, Wien
Reproduktion Einstiegsbilder: Pixelstorm Wien
Druck und Bindung: Druckerei Theiss GmbH, A-9431 St. Stefan
Gedruckt auf Magno Satin von **sappi**

Inhalt

Abkürzungen

EL Esslöffel (= Suppenlöffel)
TL Teelöffel (= Kaffeelöffel, die kleinste Löffeleinheit ist der Moccalöffel)
Msp. Messerspitze
ml Milliliter
l Liter

1 000 g (Gramm) = 100 dag (Dekagramm) = 1 kg (Kilogramm)
1 000 ml (Milliliter)
= 100 cl (Zentiliter) = 10 dl (Deziliter) = 1 l (Liter)

Die Anzahl der Münzen (von 1 bis 5) bietet eine Richtlinie bezüglich der Kosten (von sehr günstig bis eher teuer).

Vorwort

Kein Zweifel – unserem beliebten Sommervergnügen Grillen haftet etwas zutiefst Archaisches an. In der Verwandlung des rohen Fleisches zu knusprig Gegartem manifestiert sich die uralte Kulturtätigkeit des Kochens in ihrer nackten Unmittelbarkeit: Aus der mühsam erjagten und zerteilten Beute des Jägers wird das ersehnte Essen für Frauen und Kinder. Der Mann und Ernährer, den herrlich duftenden Braten röstend, verfolgt von den hungrigen Augen der Familie, gewinnt eine wunderbare Macht: Er zeigt sich als Herr über das mythisch verehrte Element Feuer und nimmt Verbindung auf mit den chthonischen Mächten der Tiefe und den kosmischen des Himmels.

Wohl genau deshalb macht die Arbeit am Grillrost uns Männern auch heute noch immer besonderen Spaß – ein Hauch von Wildheit liegt in der Luft, Rauch und Glut, Schweiß und Bier schaffen das deftige Ambiente des Virilen, am Grill stehend, darf man eine wichtige und mächtige Position einnehmen und – Männer am Grill sind sexy! Das ergab angeblich die Umfrage einer britischen Supermarktkette!

So schwingt in den heiter-unschuldigen Grillpartys unserer Zeit noch immer eine Ahnung von den fernen prähistorischen Kochritualen mit, allerdings ist aus der ernsten Zusammenkunft zur Nahrungsaufnahme längst ein geselliges Fest geworden: ein Fest der Lebensfreude und des gemeinsamen Genießens, das natürlich auch keine Männerdomäne mehr sein kann und will. Und daher kommt uns dieses Buch von TV-Meisterkoch Alois Mattersberger gerade recht: Perfekt demonstriert es, dass Grillen längst mehr ist als die bloße Füllung des Magens mit halbverkohltem Grillgut und Unmengen von Alkohol: Gekonnt spielt Grillmeister Alois Mattersberger einen kulinarischen Trumpf nach dem anderen aus: Exzellent vorbereitetes Fleisch, raffinierte Würzungen und Marinaden, köstliche Salate und pikante Beilagen sorgen für ein herzhaftes Essen, das jeden Feinschmeckergaumen in Verzückung versetzt!

Wer bräche da nicht gerne eine Lanze für den Spaß am Grillen, für ein fröhliches Beisammensein mit Freunden und Bekannten, für saftig-knackige Koteletts, kühles Bier und einen guten Schmäh? Lassen wir uns das doch nicht entgehen – auf, an die Grillplatte!

Johannes Sachslehner

Koch aus Leidenschaft

Alois Mattersberger wurde 1961 in Matrei in Osttirol geboren. Nach der Kochlehre durchlief er diverse Saisonstellen als Commis und Chef de Partie in allen Küchenbereichen.

Von 1986 bis 1987 war er Souschef bei Reinhard Gerer im Wiener Restaurant „Korso". In dieser Zeit konnte er an der Schaffung neuer Kriterien für die moderne österreichische Küche mitwirken. Danach wechselte er nach Wiesbaden in Deutschland – zu Hans Peter Wodarz ins Restaurant „Die Ente vom Lehel".

1989 und 1990 erkochte sich Alois Mattersberger im neu eröffneten Restaurant „Vinarium" in Donnerskirchen im Burgenland als Küchenchef seine erste „Gault-Millau-Haube". Anschließend holte er sich als Gastkoch in Frankreich und Liechtenstein zusätzliche Erfahrungen in der internationalen Restaurantszene.

Ab 1990 war Alois Mattersberger maßgeblich an Konzept und Umsetzung des Restaurants „Villa Hans Moser" in Wien beteiligt. Die heimischen Gourmet-Guides waren voll des Lobes: zwei Hauben von „Gault Millau", ein Stern und drei Küchenkronen von „Österreich à la carte".

Seit 1995 studiert Alois Mattersberger Ernährungswissenschaften an der Universität Wien, und seit September 1999 ist er fünf Mal wöchentlich in der ORF-TV-Sendung „Frisch gekocht ist halb gewonnen" zu sehen.

Zusätzlich hält Alois Mattersberger Seminare mit dem Schwerpunkt „zeitgemäße Ernährung" ab, ist als Consulter für die österreichische Spitzen-

gastronomie und Küchenplanung sowie als Foodstylist für Life-style-Magazine, Fachpublikationen und Tageszeitungen tätig.

Im März 2001 erschien sein erstes Buch: „Alois Mattersberger zum Nachkochen“ – mit vielen Rezepten und mit persönlichen Anekdoten.

Im März 2002 folgte bereits das zweite: „Clever kochen“ – mit Tipps und Tricks aus der Meisterküche.

Gesundes Grillen

Das Grillen ist wohl die urtümlichste Art, Rohes genießbar bzw. bekömmlich zu machen. Kaum hatte der Mensch das Feuermachen „erfunden“, legte er auch schon Fleisch oder Fisch über die Glut. Und bis heute ist dem gemeinsamen Grillen der Touch von Lagerfeuerromantik erhalten geblieben. Bei Geflacker und Geknister fallen die Probleme von uns ab, und Träume kommen auf.

Dieses Urbedürfnis nach dem Brutzeln über offenem Feuer erwacht mit schöner Regelmäßigkeit, sobald sich im Frühjahr die ersten Sonnenstrahlen zeigen.

Vom kommunikativen zum kulinarischen Aspekt: Beim Grillen geraten Fleisch, Fisch, Gemüse, aber auch Obst besonders zart und können mit ganz wenig Fett „schlank“ zubereitet werden.

Die starke Strahlungswärme – ob von glühenden Holzkohlen oder elektrischen Heizspiralen gespendet – sorgt dafür, dass sich die Poren des Grillguts rasch schließen und es besonders saftig bleibt. Durchschnittlich verliert gegrilltes Fleisch – je nach Fett- und Wasseranteil – 15–30 Prozent an Gewicht. Bei Bratwurst sind es zwischen fünf und 20 Prozent.

Da man beim Grillen fast kein Fett benötigt, entspricht es – vorausgesetzt, man macht es richtig – den ernährungswissenschaftlichen Forderungen nach einer raschen, fettarmen Zubereitungsart, bei der möglichst viele wertvolle Stoffe erhalten bleiben.

Dennoch hat in der Vergangenheit so manche Schlagzeile dem Grillfreund den Appetit verdorben: Beim Grillen können nämlich Krebs erregende chemische Verbindungen, wie Nitrosamine und Benzypren, entstehen. Das kann jedoch vermieden werden.

Gesundes Grillen fängt beim Kauf des richtigen Grillgeräts an: Dieses sollte nicht nur einfache Handhabung und gute Hitzeverteilung garantieren, sondern auch abtropfendes Fett und Wasser in einer Wanne auffangen. Gelangen nämlich Fleischsaft, Fett oder Marinade in die Glut und verbrennen dort, bildet sich schädlicher Rauch, in dem beträchtliche Mengen an Benzypren enthalten sind. Diese Substanz schlägt sich auf das Grillgut nieder und wird dann mitgegessen. Und der schädliche Rauch wird eingeatmet.

Um also ein Abtropfen zu verhindern, sollten Sie stets Alufolie unter das Grillgut legen. Auch auf das Bespritzen mit Bier,

wie dies gern zur Geschmacksverbesserung praktiziert wird, sollten Sie besser verzichten, da es ebenfalls Qualm verursacht.

Doch keine Panik – ganz so schlimm ist es nicht: Forscher haben in wissenschaftlichen Studien herausgefunden, dass Kräuter beim Grillen Benzypren binden und dass bestimmte Stoffe – etwa in Thymian, Salbei und Oregano, aber auch in Senf – die Schädlichkeit dieses Giftes aufheben. Und auch an mariniertem Grillgut bilden sich weniger Schadstoffe als an unbehandeltem. Also taugt auch eine gute Marinade als „Gegengift".

Trotz dieser neuesten Erkenntnisse gilt: Angebranntes bzw. stark Verkohltes in jedem Fall großzügig wegschneiden! Damit es gar nicht erst dazu kommt, ist es wichtig, Temperatur und Garzeit stets im Auge zu behalten.

Gepökeltes und Geräuchertes – z. B. Geselchtes, Räucherfisch, geräucherter Speck – sollten überhaupt nicht auf dem Grill landen, weil sich durch die hohen Temperaturen aus dem Nitrit des Pökelsalzes und dem im Fleisch enthaltenen Eiweiß Krebs erregende Nitrosamine bilden können. Speziell als Brat- oder Grillwürstel deklarierte Produkte hingegen enthalten kein Pökelsalz und sind daher ohne Bedenken zu verwenden.

Nicht immer kann man beim Grillen auf Fett verzichten. So entfaltet z. B. Geflügelfleisch wesentlich mehr Geschmack, wenn man es kurz vor dem Grillen mit Öl oder einer der vielen Marinaden einstreicht, die ja auch meistens Öl enthalten.

Hierbei ist aber zu berücksichtigen, dass manche Fette sich bei höheren Temperaturen zersetzen und somit gesundheitsschädlich sind. Zum Grillen verwenden Sie am besten Erdnuss-, Oliven- oder industriell hergestellte Mischöle, die hohen Temperaturen standhalten.

Grillen kann man fast alles – Fleisch, Gemüse, Fisch, Obst, Pilze und Käse. Ausschlaggebend für das Gelingen eines Gerichtes ist allerdings in erster Linie einmal die Qualität des Ausgangsprodukts. Und dann sind natürlich Ihre Grillkünste gefragt!

Sicherheit geht vor!

Grillen im Freien ist ein beliebtes, gemütliches Sommervergnügen. Damit es auch dabei bleibt und nicht etwa Gefahren entstehen, sollten Sie einige Regeln beachten. Hier die wichtigsten Tipps:

Zum Gerät:

- Feuerfesten Untergrund zum Aufstellen suchen.
- Den Grill immer standsicher aufstellen.
- Genügend Abstand zu brennbaren Gegenständen einhalten.
- Niemals unter Markisen oder Partyzelten grillen.
- Den heißen Grill nie bewegen.
- Bei Verwendung eines Gasgrills unbedingt darauf achten, dass die Anschlüsse dicht sind und der Verbindungsschlauch nicht der Hitze ausgesetzt ist.
- Austretendes Gas ist brandgefährlich.
- Grillen Sie niemals in einem Raum, der nur unzureichend belüftet werden kann. Die Möglichkeit von Kohlenmonoxidbildung bedeutet Erstickungs- und Vergiftungsgefahr!
- Beim Elektro-Grill sollte der Stecker gut zugänglich sein, damit man ihn im Ernstfall ziehen kann.
- Stromkabel sind Stolperfallen!

Zum Anzünden:

- Verwenden Sie zum Anzünden nur geeignete Anzündhilfen (z. B. Zündwürfel, Anzündriegel, Trockenspiritus) – niemals Spiritus, da dies zu Explosionen führen kann.
- Haben Sie Geduld beim Anzünden.
- Niemals Brennspiritus oder Benzin auf die bereits glühende Holzkohle schütten – das kann lebensgefährlich werden!
- Bei Funkenflug Feuer sofort löschen!
- Niemals eine Anzündflüssigkeit auf die scheinbar erkaltete oder erloschene Glut gießen.
- Die Feuerstelle nie unbeaufsichtigt lassen!
- Immer einen Eimer Wasser griffbereit haben.

Zum Grillen:

- Handschuhe zum Angreifen heißer Gegenstände bereithalten!
- In die Grillkohle tropfendes Fett kann zu Flammenbildung führen und auch das Grillgut entzünden.

Zu Verbrennungen:

- Brandwunden sofort unter kühles Wasser halten, bis spürbar Linderung eintritt, und danach die betroffene Stelle steril abdecken.
- Bei größeren Problemen ärztliche Hilfe beanspruchen!

Zur Restglut:

- Glutreste sorgfältig – am besten mit Wasser – löschen.
- Nicht in brennbare Behälter (z. B. Kartons oder Plastikbehälter) geben. Wenn möglich als Dünger auf dem Gartenboden verteilen.
- Weiter verwendbare Holzkohle im Grill lassen.
- Durch Schließen der Abdeckung die Luftzufuhr zum Gerät unterbinden.

Zu Kindern:

- Achten Sie darauf, dass Kinder beim Grillen nicht unbeaufsichtigt sind und dem heißen Grill nicht zu nahe kommen. Da sich ihre Gesichter meist auf Grillhöhe befinden, sind sie noch größeren Gefahren ausgesetzt.

Zum Grillen auf öffentlichen Plätzen:

- Wer weder Garten noch Terrasse besitzt, kann auch auf eigens dafür vorgesehenen öffentlichen Plätzen grillen und sollte keinesfalls wilde Grillstellen im Feld und Wald eröffnen.
- Hinterlassen Sie den öffentlichen Grillplatz so, wie Sie ihn auch selbst wieder vorfinden möchten! Nehmen Sie also den Müll mit, und entsorgen Sie ihn ordnungsgemäß.

Zur Reinigung:

- Reinigen Sie den abgekühlten Grill sorgfältig mit einer Messingbürste.
- Den Grillrost in Wasser mit etwas Spülmittel erst einweichen – er lässt sich dann leichter reinigen. Zuletzt leicht einfetten.
- Grillsteine nur mit klarem Wasser reinigen.

Gut geplant ist halb gegessen!

Bei einer Grillparty geht es meist locker und ungezwungen zu. Damit Ihnen aber auch wirklich alles so spielerisch von der Hand geht, wie es den Anschein hat, muss das Fest gut vorbereitet und durchgeplant sein. Beginnen Sie rechtzeitig mit der Planung – eine Checkliste hilft Ihnen dabei!

- Gästeliste erstellen
- Einladungen verschicken (oder per Telefon einladen)
- Speisezettel und Getränkeliste zusammenstellen
- Einkaufsliste machen
- Fisch und Fleisch vorbestellen
- Brot und Gebäck vorbestellen
- Für genügend Knabbergebäck sorgen
- Marinaden, Saucen und Dips am Vortag zubereiten
- Holzkohlen- bzw. Gasvorrat kontrollieren
- An Feuerschutz denken
- Grill, Grillbesteck und Spieße bereitstellen
- Alutassen checken
- Tisch und Sitzgelegenheiten postieren
- Tischdecke und Servietten auswählen
- Teller, Besteck und Gläser herrichten
- Für Dekoration von Tisch und Garten sorgen
- Sonnenschirm oder Partyzelt aufstellen
- Beleuchtung installieren
- Spiele für Kinder vorbereiten
- Getränke kalt stellen
- Vasen vorbereiten – falls jemand Blumen mitbringt
- Fotoapparat und Film griffbereit halten
- Taxinummer bereitlegen
- Die Nachbarn informieren und eventuell auf einen Happen einladen

Auf den richtigen Grill kommt es an!

Egal ob Sie im Garten, auf der Terrasse oder auf dem Balkon grillen wollen, vorab ist es wichtig, genau zu klären, welche Art von Grill Ihre Ansprüche optimal erfüllt. Grillgeräte gibt es nämlich in den unterschiedlichsten Varianten. Entscheidend für die richtige Wahl ist, wie oft und für wie viele Gäste Sie grillen, ob Ihr Grill mobil oder fix sein soll, ob Sie Holzkohle, Gas oder Strom zur Befeuerung bevorzugen.

Der Holzkohlengrill ist in vielerlei Ausführungen erhältlich, vom ganz einfachen Rundgrill mit kleinen Grillflächen über Grillwägen bis zum Kugelgrill, der mit geschlossener Haube wie ein Heißluftherd funktioniert.
Eine Spezialform stellt der Senkrechtgrill dar, bei dem die Holzkohle und das Grillgut senkrecht positioniert werden, sodass das Fett nicht auf die Holzkohle heruntertropfen kann.

Der Gasgrill hat den Vorteil, dass er schnell gleichmäßige Hitze erzeugt, wobei weder Geruchs- noch Rauchbelästigung entsteht. Eine Spezialform stellt der Lavasteingrill dar, dessen Steine über Stunden hinweg gleich bleibende Hitze abgeben.

Der Elektrogrill ist wohl für den Einsatz auf dem Balkon am besten geeignet. Er benötigt nicht viel Platz und entwickelt kaum Rauch. Wichtig ist vor allem, dass die Heizschlange nicht zu großzügig gewunden ist – damit das Grillgut nicht an manchen Stellen verbrennt und an anderen roh bleibt. Auf Fettzugabe kann man hier verzichten, der Fleischsaft und damit auch wertvolle Vitamine sowie Mineralstoffe bleiben weitgehend erhalten.

Grillkamine im Garten sind ein Blickfang und ein – je nach Ausführung – gemütliches oder extravagantes Requisit. Es gibt sie als fertige Bausätze in Ton und Zement oder in Beton, man kann aber natürlich auch einen Kamin nach eigenem Entwurf bauen.
Prinzipiell ist zu empfehlen, diesen wegen seines Gewichts nicht direkt auf den Rasen zu stellen.

Hier die gebräuchlichsten Grilltypen und deren Preise in einer kleinen Übersicht:

Kugelgrill
€ 29,99;
45 cm Durchmesser;
für direktes und indirektes Grillen;
fahrbar; TÜV-geprüfte Qualität

Rundgrill Primo
€ 7,19;
38 cm Durchmesser;
verzinkt

Lavastein-Gasgrillwagen Extra

€ 79,90; Grillfläche ca. 49 x 38 cm; aus lackiertem Stahlblech; mit verchromtem Grillrost im Untergestell

Grillkamin „Adria"

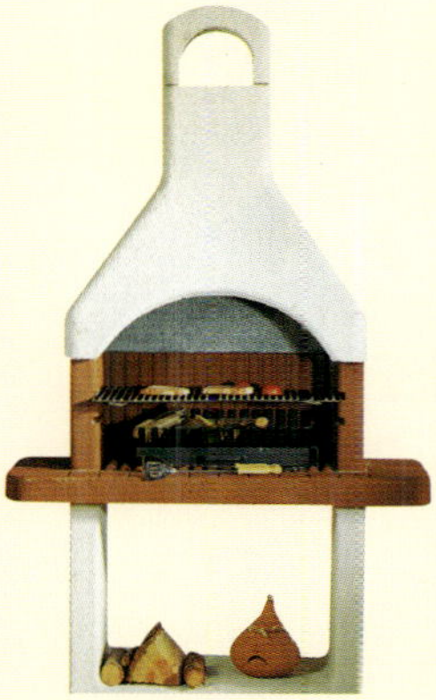

€ 109,–; Grillrost 67 x 40 cm; Höhe 1,96 m; Gewicht 277 kg; exklusiver Gartenkamin aus Ton und Zement mit seitlichen Abstellflächen; Grillkamine werden unverputzt geliefert

Gastronomiebräter Standard

€ 93,90; Grillfläche ca. 65 x 53 cm; Arbeitshöhe ca. 30 cm; ohne Gasflasche; Leistung 13,5 kW; nicht rostend; regelbare Gaszufuhr; Druckminderer; Piezo-Zündung; Frittierpfanne; TÜV-geprüft

Gastronomiebräter-Untergestell

€ 79,50; passend für Gastronomiebräter; 2-flammig

Holzofen „Veracruz"

€ 145,–; Höhe mit Ständer ca. 100 cm; mit Metallständer; Innenrost und Deckel

Barbecue Grill

€ 34,89; Beheizung ca. 2.300 W; Grillrost und Heizelement abnehmbar, abnehmbarer Windschutz, Kunststoffgehäuse, Temperaturregler, Kontrolleuchte

Alles gesehen bei bauMax

Das Grillzubehör

Neben Grillkohle samt Anzündern oder Gas benötigen Sie noch einige andere Utensilien. Unentbehrlich ist Grillbesteck, wie Grillgabel, Grillzange, Pinsel zum Marinieren etc., zudem scharfe Messer und stabile Schneidbretter. Eine nicht nur lustig-dekorative, sondern auch praktische Schürze schützt Ihre Kleidung.

Holzkohle ist in verschiedenen Formen und Qualitäten erhältlich. Für größeres Grillgut eignen sich speziell Holzkohlebriketts, da sie lang anhaltende, gleichmäßige Glut erzeugen.

Grillkohle immer trocken lagern – sie zieht leicht Feuchtigkeit an!

TIPP: Warten Sie stets, bis die Holzkohle nur noch glüht – sich also keine züngelnden Flammen mehr zeigen –, ehe Sie das Grillgut auflegen. Auf diese Weise vermeiden Sie, dass die Fleischstücke anbrennen und somit gesundheitsschädlich werden.

Anzünder. Leider werden noch immer sehr viele Unfälle durch flüssige Grillanzünder verursacht. Spezielle Vorsicht ist geboten, wenn Kinder im Spiel sind. Also lieber auf Spiritus verzichten und stattdessen feste Grillanzünder verwenden.

ACHTUNG: Papier, Altholz und Kiefernzapfen sind keine gute Alternative zur Grillkohle, sie erzeugen zu viel Qualm.

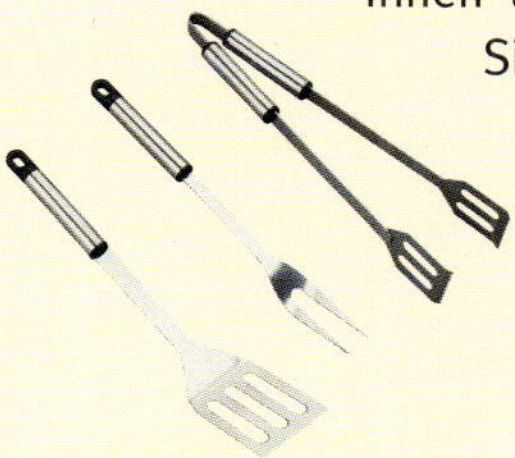

Grillzange. Sie gehört unverzichtbar zur Grundausstattung: Benützt man zum Wenden des Grillguts nämlich eine Gabel, verbrennt man sich nicht nur leicht die Finger, sondern durch das Anstechen geht auch wertvoller Saft verloren.

Doppelroste. Diese klappbaren Roste aus Drahtgeflecht eignen sich speziell zum Grillen ganzer Fische oder von Hamburgern. Außerdem lässt sich das Grillgut sehr leicht wenden.

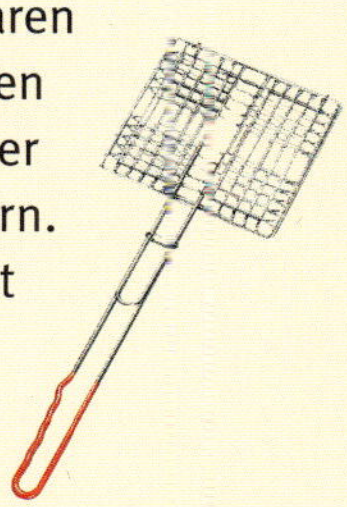

Pinsel. Da Fleisch, Fisch etc. vor dem Grillen und währenddessen häufig mit Öl bzw. Marinade bestrichen werden soll, sind Pinsel wichtige Utensilien.

Aluschalen. Gelochte und gerippte Tassen verhindern das Abtropfen von Fett in die Glut und somit gesundheitsgefährdenden Qualm.

Spieße. Es gibt sie in Holz oder Metall. Während Holzspieße nur ein Mal verwendet werden sollten, sind Metallspieße nahezu unverwüstlich. Es bleibt Ihnen überlassen, welche Art Sie bevorzugen.

TIPP: Holzspieße vor dem Einsatz in Wasser einweichen, danach lässt sich das Grillgut leichter aufspießen.

Rund ums Grillen

Die ersten Frühlingssonnenstrahlen, laue Sommerabende, aber auch die letzten sonnigen Herbsttage sind für viele Anlass, um ihren Grill geschart, die Natur zu genießen – im Garten, auf der Terrasse, auf dem Balkon oder auf öffentlichen Grillplätzen.

Das „Grillen" ist eine uralte Methode Fleisch zuzubereiten. Bereits vor 300 000 Jahren warfen die Menschen der Urzeit Fleisch direkt in die Glut. Sie hatten schon bald herausgefunden, dass das Fleisch dadurch eigene Geschmackskomponenten entwickelte und bekömmlicher wurde.

Die Sippe versammelte sich also um die Feuerstelle, um sich zu sättigen. Alte Wandmalereien zeugen von diesen Essgewohnheiten unserer Vorfahren. Aber auch versteinerte Fleischreste in Holzkohleresten alter Feuerstellen belegen dies. Die von Forschern entdeckten ältesten „Grillplätze" bei Peking und in Frankreich beweisen außerdem, dass damals auch schon auf heißen Steinen Fleisch gegart wurde.

Inzwischen sind wir auf Kochstellen dieser Art nicht mehr angewiesen – jetzt grillen wir aus Vergnügen unter freiem Himmel, und auch ein bisschen Abenteuer ist damit verknüpft: glühend heißes Feuer, das es zu beherrschen gilt, rohes Grillgut – hier kommen Männer auf ihre Rechnung. Auch solche, die ansonsten das ganze Jahr über nicht in der Küche tätig sind, entwickeln sich beim Grillen zu wahren Weltmeistern. Hier haben Frauen auch nach wie vor fast nichts mitzureden – nichts für ungut, das beruht eben auf einer langen Tradition. Aber warum eigentlich stehen Männer am Grill und Frauen in der Küche? Beobachten lässt sich das sogar schon bei Pfadfinderfesten: Während die Buben die Würstel grillen, bereiten die Mädchen den Salat zu. Wahrscheinlich schlagen beim Grillen archaische Grundmuster durch. Das kollektive Unbewusste verweist uns sozusagen auf unsere angestammten Plätze – C. G. Jung hätte seine Freude!

Doch die Frauen sind im Vormarsch: Während Männer noch immer vorwiegend Fleisch – allem voran Steaks – auflegen, ist bei Frauen die gesunde Welle angerollt – Gemüse, Geflügel und Fisch. Und das ist natürlich ein Ansporn für die von Männern dominierte Grillwelt.

Was sich allerdings schon länger verändert hat, ist das Grillgut. Viele tausend Jahre lang war das Grillen nur den Wohlhabenden vorbehalten, denn Fleisch war bis zum Ende des 19. Jahrhunderts ein sehr wertvolles Nahrungsmittel und stand nur selten auf dem Speiseplan des „niedrigen" Volkes.

Auch wenn Grillpartys heute einen Boom erleben, so ist das Grillen durchaus keine neue Modeerscheinung, sondern vielmehr uraltes Vergnügen. Im Laufe der Jahrtausende haben sich dabei die unterschiedlichsten Vorlieben und nationalen Eigenheiten entwickelt.

Wurden bei den Ägyptern noch Hyänen und Krokodile gegrillt, so bekamen die Römer bereits die ersten Bratwürste serviert. Eine Besonderheit hatten die französischen Trapper im 17. Jahrhundert in Amerika auf Lager: Sie grillten des öfteren einen ganzen Bison, und zwar „barbe-à-queue“, vom Bart bis zum Schwanz.

Das echte Barbecue und seine Bezeichnung verdanken wir vermutlich einem Indianerstamm auf Haiti, bei dem es Sitte war, Fleisch auf einen Holzspieß zu stecken, übers Feuer zu halten und so zu braten. Die Kreolen übernahmen den Begriff und brachten ihn aufs amerikanische Festland.

Wann man mit dem Würzen begann, ist nicht genau bestimmbar, sicher ist allerdings, dass es stark durch die Kreolen beeinflusst und durch die Cajuns allmählich nach Texas gebracht wurde.

Heute steht Barbecue in Amerika ganz allgemein für ein Gartenfest, zu dem Freunde, Verwandte und Geschäftspartner etc. geladen werden und das oft nahezu den ganzen Tag dauert.

Die Vorlieben bezüglich des Grillguts sind jedoch je nach US-Bundesstaat sehr unterschiedlich. Eine kalifornische Spezialität etwa ist die Forelle, die man in blanchierte Weinblätter wickelt und auf Eichenholz grillt.

Auch die Buren, Nachkommen der ersten Einwanderer in Südafrika, bereiteten ihre Speisen auf dem Grill zu. Noch heute ist die Lieblingsbeschäftigung der meisten Südafrikaner das Braai, wie sie das Grillen bezeichnen – nirgendwo sonst auf der Welt wird mehr gegrillt als in Südafrika. Kein Haus ist ohne Grill, sogar auf öffentlichen Plätzen trifft man auf Grillstellen.

Das südliche Nachbarland der USA, Mexiko, ist bekannt für seine Grillkreationen. Die Mexikaner lieben jedoch eher das Feurige. Gegrillt und gegessen wird deshalb ein bisschen schärfer, als bei uns üblich.

In Italien wird auf einem Rost über dem Kaminfeuer, dem Fogolâr, gegrillt – zum Würzen werden hauptsächlich Thymian, Oregano, Rosmarin und Salbei verwendet.

In Thailand, aber auch in anderen asiatischen Ländern, wird vorwiegend mit Chilisauce, Ingwer, Koriander, Kurkuma und Knoblauch gewürzt.

Zum Grillen braucht's allerdings mehr, als das Grillgut einfach nur auf den Rost zu legen. Wichtig für ein gelungenes Grillfest sind somit die Vorbereitungen – eine Checkliste hilft Ihnen dabei (siehe S. 15).

Für die Vorbereitungen bis zum eigentlichen Grillen – Zurechtlegen der Gerätschaft und Vorheizen des Holzkohlengrills – benötigen Sie ca. 45 Minuten.

Denn bis die Holzkohle ihre Betriebstemperatur erreicht hat, vergeht schon einige Zeit. Wenn der erste Teil der Kohle glüht, ziehen Sie die Stücke mit dem Schürhaken auseinander und geben noch eine Lage Kohle auf die Glut.

Erst wenn die Kohle richtig durchgeglüht und mit einer weißen Aschenschicht überzogen ist bzw. wenn die Luft über den Kohlen flimmert, kann das Grillgut auf den Rost. Machen Sie die Handprobe: Die richtige Hitze ist dann gegeben, wenn Sie Ihre Handfläche – sie befindet sich 10 cm über der Glut – nach zwei Sekunden wieder wegziehen müssen.

Als Erstes sollten immer die dicken Fleischstücke auf den Grill, wenn dieser noch die größte Hitze verströmt. Oberste Regel: Beaufsichtigen Sie den Grillvorgang die ganze Zeit über!

Wissenswertes:

Die Flammen haben eine Temperatur von ca. 800 °C.

Die Kohlenglut und der Grillrost haben eine Temperatur von ca. 500 °C.

Das Grillgehäuse hat eine Temperatur von ca. 400 °C.

Jetzt heißt's nur noch:

Rost frei – und gutes Gelingen!

Fisch
& Meeresfrüchte

Fisch und Meeresfrüchte für Ihre Gesundheit!

Das wachsende Gesundheitsbewusstsein spiegelt sich auch in den Grillkünsten wider: Legen Sie doch einmal Forellen statt Fleischlaberln auf den Grill. Das würzige Aroma des Holzkohlenfeuers bekommt auch dem zarten Fisch. Doch viele trauen sich nicht drüber. Dabei ist gegrillter Fisch eine nahezu unschlagbare Köstlichkeit und zudem noch gesund und bekömmlich.

Am besten eignet sich festfleischiger Fisch zum Grillen. Und auf jeden Fall sollten Sie frischen – nicht tiefgefrorenen – Fisch verwenden.

Fische im Ganzen, wie etwa Seeteufel, Brasse, Wolfsbarsch, Forelle oder Saibling, sind ebenso zu empfehlen wie Filets, z. B. von Lachs, Tunfisch, Schwertfisch oder Seeteufel.

Am besten legt man den ganzen Fisch auf eine entsprechend große, mit Öl ausgepinselte Alufolie bzw. Grilltasse, denn bei direktem Kontakt mit dem Rost besteht die Gefahr, dass die zarte Haut kleben bleibt. Oder man klemmt ihn in eine Fisch-Grillzange – wobei man empfindliche Teile, wie den Schwanz und die Flossen, mit Alufolie ummanteln sollte.

Fischstücke, die dünner als 2 cm sind, müssen nicht gewendet werden.

Ideal sind Fische bis zu einer Größe von ca. 400 Gramm, also für 1–2 Portionen.

Der Fisch ist gar, wenn sich die Rückenflosse leicht herausziehen lässt. Bei Portionsfischen reichen pro Seite meist 2 Minuten Grillzeit aus, damit sie von einer zarten Kruste umhüllt,

aber innen noch wunderbar saftig sind. Bei diesen Stücken wirkt eine Ummantelung mit Alufolie auch als Hitzebremse.
Ich empfehle, sämtliche Fische oder Fischteile vor dem Grillen mit Öl zu bestreichen oder in die gewünschte Grillmarinade zu legen und auch während des Grillens gelegentlich zu bepinseln bzw. zu beträufeln.
Ein ganz wichtiger Hinweis, den Sie auf jeden Fall beachten sollten, weil er ausschlaggebend für das Ergebnis ist: Das Grillgut darf immer erst nach dem Garen gesalzen werden, damit ihm nicht unnötig Saft entzogen wird. (Das gilt übrigens auch für Fleisch!)

Ich schneide manche Fische auch vor dem Grillen mehrmals ein – man nennt das ziselieren – und fülle die Einschnitte mit Kräutern bzw. Gewürzen. So wird das Endprodukt besonders aromatisch und schmackhaft. Garnelen und Muscheln, die auf Grund ihrer bescheidenen Größe Gefahr laufen, sprichwörtlich durch den Rost zu fallen, sollte man vorsorglich aufspießen.
Tipp: Garnelenspieße vor dem Grillen kurz in einer Marinade aus Olivenöl und frischen Kräutern ziehen lassen.
Für das Grillen von Fisch wird eher mittlere bis schwache Hitze benötigt. Beim Holzkohlengrill erreicht man dies leicht, indem man wartet, bis hauptsächlich Glut – also kein offenes Feuer mehr – vorhanden ist.

Rotbarbe mit Fenchel

ZUTATEN FÜR 4 PERSONEN

4 große Rotbarben, geschuppt und ausgenommen
1/2 Fenchelknolle, feinst gehackt
Saft von 1/2 Zitrone
2 Knoblauchzehen, geschält und blättrig geschnitten
1 EL Estragon, gehackt
Meersalz
Pfeffer
kaltgepresstes Olivenöl

Was Sie sonst noch brauchen:
Küchenkrepp

1 Den Fisch im Bauchraum mit kaltem Wasser auswaschen und danach mit Küchenkrepp trockentupfen. Die Haut 2–3 Mal einschneiden.

2 Den Bauchraum mit einer Mischung aus Fenchel, Zitronensaft, Knoblauch und Estragon füllen.

3 Die Barbe rundum mit Meersalz und Pfeffer würzen, ganz leicht mit Olivenöl einstreichen und auf mittlerer Hitze ca. 15 Minuten grillen. Zwischendurch einmal vorsichtig wenden.

Tipp!

Die zarten Rotbarben schmecken am besten, wenn sie bereits 1 Stunde vor dem Grillen mit der Zitronen-Kräuter-Mischung gefüllt werden.

Fisch vom Grill

Sardinen mit Tomatenvinaigrette

ZUTATEN FÜR 4 PERSONEN

12 Sardinen
Saft von 1 Zitrone
Salz
Cayennepfeffer
2 EL Mehl
4 EL kaltgepresstes Olivenöl

Für die Vinaigrette:
1/16 l kaltgepresstes Olivenöl
1/2 Zwiebel oder 4 Schalotten, geschält
8 eingelegte getrocknete Tomaten, klein geschnitten
2 Knoblauchzehen, geschält und gehackt
3 EL Balsamico-Essig
Saft von 1 Zitrone
2 Tomaten, Fruchtfleisch gewürfelt
1 TL Basilikum, gehackt
1 TL Petersilie, gehackt

1 Die Sardinen schuppen und putzen, mit Zitronensaft beträufeln und mit Salz und Cayennepfeffer würzen. Danach die Fische mit Olivenöl einstreichen, in Mehl wenden – den Überschuss abklopfen – und beidseitig goldgelb grillen.

2 Für die Vinaigrette das Olivenöl in einer Pfanne erhitzen, die fein geschnittene Zwiebel (oder die Schalotten) darin anschwitzen, die getrockneten Tomaten und den Knoblauch beigeben und kurz mitschwitzen lassen.
Das Ganze mit Balsamico-Essig und Zitronensaft löschen, die Tomaten-Fruchtfleischwürfel, das Basilikum und die Petersilie beigeben und alles nochmals kurz aufkochen lassen.

3 Die gegrillten Sardinen auf einer Platte anrichten und mit der Tomatenvinaigrette umgießen.

Tipp!

Die Sardinen schmecken am besten, wenn man sie in die noch warme Vinaigrette eintaucht. Ich esse sie am liebsten als Fingerfood – und dazu Knoblauch-Baguette.

Erdäpfel-Shrimps-Kroketten

1 Die Zucchini und die Frühlingszwiebeln waschen, den Fenchelstrunk herausschneiden, den Paprika entkernen und dann alles in 3 mm große Würfel schneiden. Das Toastbrot kleinwürfelig schneiden und in einer beschichteten Pfanne leicht bräunen.

2 Die Erdäpfel noch warm pressen. Die Shrimps auf einem Sieb abtropfen lassen.

3 In einer flachen Pfanne 1 EL Olivenöl erhitzen, die Gemüsewürfel darin anschwitzen und dann unter die gepressten Erdäpfel mischen. Das Basilikum, die Shrimps, die gebräunten Toastbrotwürfel und das QimiQ mit der Erdäpfelmasse verrühren. Das Ganze mit Zitronensaft, Salz, Pfeffer und etwas Muskat würzen.

4 Die Krokettenmasse mit etwas Mehl zu Rollen (ca. 2,5 cm Ø) formen, diese in 5 cm lange Stücke schneiden und leicht flach drücken. Die Kroketten mit Olivenöl bestreichen und beidseitig goldgelb grillen.

Tipp!

Lassen Sie die gekochten Erdäpfel vor dem Pressen noch 10 Minuten bei 60 °C im Backrohr – mit Alufolie bedeckt – ausdünsten. Dann wird die Masse fester.

Zutaten für 4 Personen

250 g mehlige Erdäpfel, gekocht und geschält
100 g Shrimps, in der Lake
1/2 Zucchini
2 Frühlingszwiebeln
1/4 Fenchelknolle
1 roter Paprika
4 Scheiben Toastbrot ohne Rinde
kaltgepresstes Olivenöl
1 Bund Basilikum, in Streifen geschnitten
1 EL QimiQ
1–2 EL Zitronensaft
Salz, Pfeffer
Muskatnuss, gerieben
1 EL Mehl

Masala-Garnelen

Zutaten für 4 Personen

16 Riesengarnelen-schwänze
Salz, Pfeffer
1 EL Garam Masala (Currygewürz)
2 EL Olivenöl

Für die Sauce:
2 Tomaten
200 ml Fischfond
100 ml Noilly-Prat
2 EL Pernod
1 Rosmarinzweig, abgerebelt und gehackt
2–3 Thymianzweige, abgerebelt und gehackt
Salz
weißer Pfeffer
1 EL kalte Butter zum Montieren

1 Die Garnelenschwänze aus der Schale brechen und den Darm entfernen.
Die Schwanzstücke mit Salz, Pfeffer und Garam Masala würzen, mit Olivenöl beträufeln und auf jeder Seite 2–3 Minuten grillen.

2 Für die Sauce die Tomaten kurz blanchieren, schälen und das Fruchtfleisch würfelig schneiden. Den Fischfond mit Noilly-Prat, Pernod, Rosmarin und Thymian etwas einreduzieren lassen, die Tomatenwürfelchen beigeben und das Ganze mit Salz und Pfeffer abschmecken.
Zuletzt die Sauce mit kalter Butter montieren.

Tipp!

Sollten Sie Garnelen tiefgefroren kaufen, tauen Sie diese am besten über Nacht im Kühlschrank in einem Sieb auf. So kann die Auftauflüssigkeit abtropfen.

Tunfisch mit Koriander und schwarzem Sesam

Zutaten für 4 Personen

4 Tunfischsteaks à 150 g
2 TL Fischfond
Saft von 1 Limette
2 Stängel Zitronengras, fein geschnitten
1 rote Chilischote, entkernt und fein gehackt
1 TL frischer Koriander, gehackt
1 TL Koriandersamen
2 TL schwarze Pfefferkörner
2 EL schwarze Sesamkörner
1 EL Sesamöl
4 Limettenscheiben zum Dekorieren

Was Sie sonst noch brauchen:
Mörser

1 Den Fischfond mit dem Limettensaft, dem Zitronengras, der Chilischote und dem gehackten frischen Koriander zu einer Marinade verrühren.

2 Die Koriandersamen mit den Pfefferkörnern in einem Mörser grob zerstoßen.

3 Die Tunfischsteaks mit Sesamöl beträufeln, mit der Koriander-Pfeffer-Mischung bestreuen und auf dem gut vorgeheizten Grill auf beiden Seiten je 2 Minuten braten – sie sollten nicht durch sein.

4 Vor dem Servieren die Steaks mit je 1 EL Marinade beträufeln, mit schwarzen Sesamkörnern bestreuen und mit jeweils einer Limettenscheibe garnieren.

Tipp!

Ein cremiger Avocado-Dip (siehe S. 153) schmeckt köstlich zu diesem raffiniert einfach zubereiteten Tunfisch.

Schwertfisch auf asiatische Art

Zutaten für 4 Personen

4 Schwertfischsteaks à 160 g
1/16 l Hühnerfond
3 EL Sojasauce
Saft von 1/2 Zitrone
1 TL Ingwer, gerieben
1 TL Kurkuma, gemahlen (Gelbwurzpulver)
1 Chilischote, entkernt und fein geschnitten
Salz
8 Scheiben Hamburgerspeck

Was Sie sonst noch brauchen:
Küchenkrepp
tiefes Gefäß
Frischhaltefolie

1 Aus Hühnerfond, Sojasauce, Zitronensaft, Ingwer, Kurkuma und Chili eine Marinade rühren.

2 Die Schwertfischsteaks damit gut einstreichen, in ein Gefäß legen und mit der restlichen Marinade auffüllen. Das Ganze zudecken und für 15–20 Minuten kühl stellen.

3 Die Steaks aus der Marinade heben, mit Küchenkrepp abtupfen, leicht salzen und bei mittlerer Hitze beidseitig grillen.

4 Gleichzeitig die Speckscheiben grillen und vor dem Servieren die fertigen Steaks damit garnieren.

Tipp!

Schwertfisch zählt zu den fettarmen Fischen. Außerdem sind die Steaks beim Braten nicht mehr durch den natürlichen Schutzschild der Haut geschützt, folglich ist es besonders wichtig, sie nicht ganz durchzugrillen, da sie sonst zu trocken werden. Das vermeidet man idealerweise, indem man sie auf einer Grilltasse brät.

Goldbarsch in Kräuter-Pfeffer-Marinade

1 Die Fischfilets in portionsgerechte Stücke teilen.

2 Das Olivenöl mit Zitronensaft, Senf, Petersilie, Basilikum, Estragon und grünem Pfeffer zu einer Marinade verrühren.

3 Die Barschstückchen damit einreiben, in ein Gefäß leger, mit der restlichen Marinade auffüllen. Das Ganze zugedeckt im Kühlschrank mindestens 2 Stunden durchziehen lassen.

4 Die Goldbarschfilets aus der Marinade heben, mit Küchenkrepp abtupfen und auf der Grilltasse goldbraun braten.

Tipp!

Lässt man marinierten Fisch im Kühlschrank noch durchziehen, sollte er immer gut mit Frischhaltefolie bedeckt werden, damit die Lebensmittel nicht wechselseitig Geruch bzw. Geschmack annehmen können.

Zutaten für 4 Personen

4 Goldbarschfilets à 160 g, entgrätet
4 EL kaltgepresstes Olivenöl
Saft von 1 Zitrone
1 TL Dijonsenf
1 TL Petersilie, gehackt
1 TL Basilikum, gehackt
1/2 TL Estragon, gehackt
1/2 TL grüne Pfefferkörner, zerdrückt

Was Sie sonst noch brauchen:
Frischhaltefolie
tiefes Gefäß
Küchenkrepp
Grilltasse

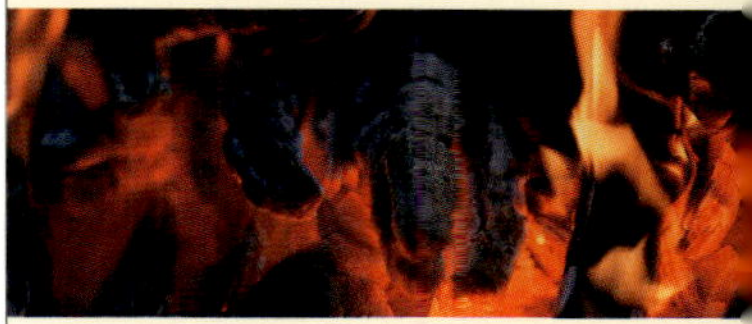

Calamari mit Koriander und Ingwer

ZUTATEN FÜR 4 PERSONEN

8 Calamari, geputzt
Saft von 2 Limetten
Basilikumöl
6 Blätter Koriandergrün, fein gehackt
5–6 Koriandersamen, gestoßen
1 EL Ingwer, fein gerieben
1/2 rote Chilischote, entkernt und fein geschnitten
Salz, Pfeffer

Was Sie sonst noch brauchen:
16 Holzspieße, in Wasser eingeweicht

1 Die küchenfertigen Calamari aufschneiden und auseinander klappen. Die noch aneinander hängenden Hälften – samt Kopf und Tentakeln – auf zwei parallel geführte Holzspieße „fädeln".

2 Den Limettensaft mit Basilikumöl, Koriandergrün und -samen, Ingwer und Chili verrühren und die Calamari damit einpinseln. Erst ganz zuletzt die Calamari salzen und pfeffern und rasch grillen.

Tipp!

Calamari werden beim Braten sehr leicht zäh. Um das zu vermeiden, muss man sie entweder rasch und heiß oder eher langsam bei gemäßigter Temperatur grillen.

Gegrilltes Saiblingsfilet mit Zitronenmelisse

ZUTATEN FÜR 4 PERSONEN

600 g Saiblingsfilets mit Haut, entgrätet
1 Bund Zitronenmelisse
Saft von 1 Zitrone
1/8 l Traubenkernöl oder neutral schmeckendes Öl
Salz

1 Die Zitronenmelissenblätter abzupfen und zusammen mit dem Zitronensaft und dem Öl im Mixer fein pürieren.

2 Die Saiblingsfilets leicht salzen und mit dem Zitronensaft-Melissen-Öl-Gemisch einpinseln.

3 Die Fischfilets mit der Hautseite nach unten auf den Grill legen und kurz braten.
Die Saiblingsstücke keinesfalls wenden, sondern nur auf der Hautseite knusprig grillen. Dann schmeckt auch die Haut hervorragend.

Tipp!

Der Saibling ist ein sehr fettarmer Fisch. Damit er nicht trocken schmeckt, sollte er auf der Innenseite noch zartrosa sein und auf keinen Fall ganz durchgegrillt werden.

Seeteufelspieße mit Artischocken

1 Die Seeteufelfilets in ca. 2 cm dicke Medaillons schneiden.

2 Die Artischockenböden – je nach Größe – vierteln oder sechsteln.

3 Die Cocktailtomaten putzen.

4 Auf die vorbereiteten Holzspieße abwechselnd Seeteufelmedaillons, Artischockenstücke und Cocktailtomaten stecken, bis der Spieß voll ist.

5 Das Olivenöl mit dem Zitronensaft und dem gerebelten Thymian gut vermixen, das Bratgut damit einpinseln, danach salzen und grillen.

Tipp!

Diese Spieße sollten sehr heiß und rasch gegrillt werden, da die Medaillons sonst zu viel Wasser abgeben und trocken bzw. gummiartig werden.

Zutaten für 4 Personen

800 g Seeteufel, pariert und filetiert
4 eingelegte Artischockenböden
300 g große Cocktailtomaten
Olivenöl
Saft von 1 Zitrone
1 TL Thymian, gerebelt
Salz

Was Sie sonst noch brauchen:
8 große Holzspieße, in Wasser eingeweicht

Gespickter Seeteufel mit Thymian

Zutaten für 4 Personen

1 kg Seeteufel im Ganzen
1 Bund Thymian
Saft von 1 Zitrone
1 EL Sojasauce
Pfeffer aus der Mühle
1 EL Mehl
kaltgepresstes Olivenöl
Salz

Was Sie sonst noch brauchen:
Frischhaltefolie

1 Vom Seeteufelstück die Haut abziehen und die Fischtranche zuputzen. Das Ganze in Längsrichtung mit Thymianzweigerln spicken.

2 Den Zitronensaft mit Sojasauce vermischen und den Seeteufel damit einreiben. Den Fisch danach pfeffern und – mit Folie bedeckt – 1/2 Stunde im Kühlschrank ziehen lassen.

3 Den Seeteufel in Mehl wälzen, mit etwas Olivenöl einpinseln und 15–20 Minuten grillen – zwischendurch salzen und wenden.

Tipp!

Den Seeteufel erst salzen, wenn er auf den Punkt gegrillt ist, da sonst das Salz dem Fisch zu viel Flüssigkeit entzieht.

Zander mit Kapern-Sardellen-Butter

Zutaten für 4 Personen

800 g Schwanzstücke vom Zander
Salz
150 g Butter (Zimmertemperatur)
1 EL Kapern, gehackt
5 Sardellenfilets, gehackt
1 EL Petersilie, gehackt
1 Knoblauchzehe, geschält und zerdrückt
Saft von 1 Zitrone

Was Sie sonst noch brauchen:
Alufolie

1 Den Zander schuppen und mit Hilfe eines scharfen Messers die Haut in Abständen von jeweils 1 cm einritzen, danach gut mit Salz einreiben und die Schwanzflosse mit Alufolie einwickeln.

2 Die Butter in einem Schneekessel mit Kapern, Sardellen, Petersilie und Knoblauch cremig aufschlagen und mit Zitronensaft würzen.

3 Den Zander auf die heißeste Stelle des Grills legen und beidseitig braten.
Danach die Alufolie von der Flosse nehmen, den Fisch mit der Kapern-Sardellen-Butter einstreichen und unter wiederholtem Bepinseln auf einer mittelheißen Stelle des Grills knusprig fertig braten.

Tipp!

Fisch sollte vor dem Grillen immer Zimmertemperatur haben. Daher ca. 30 Minuten vorher aus dem Kühlschrank nehmen. So sind Sie sicher, dass er gleichmäßig und rasch durchgart.

Gegrillte Lachsschnitte mit Limetten-Pfeffer-Salz

1 Das Lachsfilet in portionsgerechte Stücke schneiden und die Haut mittels eines scharfen Messers in Abständen von jeweils 1 cm einschneiden.

2 Das Meersalz, die Pfefferkörner, die abgeriebene Limettenschale und die Basilikumblätter in einem Mörser gut miteinander zerstoßen.
Mit dieser Mischung die Filetstücke rundum würzen – speziell die Hautseite besonders gut einreiben!

3 Die Lachsstücke leicht mit Olivenöl einpinseln und zuerst mit der Innenseite nach unten kurz grillen, danach wenden und auf der Hautseite fertig braten.

ZUTATEN FÜR 4 PERSONEN

800 g Lachsfilet mitsamt Haut, geschuppt

Für das Limetten-Pfeffer-Salz:
2 Hand voll Meersalz
1 EL schwarze Pfefferkörner
abgeriebene Schale von 4 unbehandelten Limetten
1 Hand voll Basilikumblätter

Tipp!

Das Limetten-Pfeffer-Salz lässt sich in einem gut verschließbaren Glas ohne weiteres eine Woche lang aufbewahren. Übrigens: Würzen Sie doch einmal Kalbfleisch oder Ente damit – der Versuch lohnt sich!

Lachsforelle in der Folie

ZUTATEN FÜR 4 PERSONEN

600 g Lachsforelle, filetiert, mit Haut, entgrätet
Meersalz
Pfeffer
Saft von 1/2 Zitrone
kaltgepresstes Olivenöl
2 Karotten, geschält und in feine Streifen geschnitten
1 Bund Estragon, Blätter abgezupft
1 EL Butter

Was Sie sonst noch brauchen:
Alufolie

1 Die Forellenfilets in portionsgerechte Stücke schneiden, mit Meersalz und Pfeffer würzen.

2 Die Alufolie entsprechend der Anzahl der Fischfilets zurechtschneiden. Die Folienstücke auf der matten Seite mit einem Gemisch aus Zitronensaft und Olivenöl bestreichen, jeweils ein Forellenstück – mit der Hautseite nach unten – darauf legen.

3 Nun die Karottenstreifen und die Estragonblätter darauf verteilen. Das Ganze mit Meersalz und Pfeffer würzen. Zuletzt einige Butterflöckchen darauf setzen und die Alufolie darüber locker verschließen.

4 Die Päckchen – mit der flachen Seite nach unten – für ca. 10 Minuten auf den Grill legen. Nicht wenden!

Tipp!

Achten Sie beim Kauf stets darauf, dass der Fisch auch wirklich frisch ist. Dies lässt sich am starren, festen Fleisch, den leuchtend roten Kiemen, den klaren und glänzenden Augen sowie am Geruch, der ans Meer und nicht an Fisch erinnert, erkennen.

McCORMICK
Grill • Steak
FLEISCH, GEFLÜGEL & FISCH
VIANDE, VOLAILLE & POISSON

Forelle, mit Kräutern gefüllt

1 Die ausgenommenen Forellen innen gut auswaschen.

2 Die Kerbel- und die Basilikumblätter abzupfen und miteinander vermischen.
Die geschälten Schalotten in Ringe schneiden.

3 Die Forellenhaut mit einem scharfen Messer in Abständen von jeweils 1 cm leicht einschneiden.

4 Die Forellen mit dem Limetten-Pfeffer-Salz innen und außen zart einreiben.
Die Kräuter und die Schalottenringe in den Bauchraum füllen, die Bauchlappen zusammenklappen und mit Zahnstochern fixieren.

5 Den Fisch bei mittlerer Hitze knusprig grillen.

Zutaten für 4 Personen

4 kleinere Forellen, ausgenommen
1 Bund Kerbel
1 Bund Basilikum
2 Schalotten, geschält
Limetten-Pfeffer-Salz (siehe S. 43)
Öl

Was Sie sonst noch brauchen:
Zahnstocher

Tipp!

Ideal im Geschmack sind Gebirgsbachforellen – aber leider sind sie nur schwer erhältlich.
Die Forellen sind gar, wenn die Augen in Form von weißen Kügelchen hervortreten.

Butter

Die besten Mischungen

Buttermischungen – das gewisse Etwas

Ein wichtiger Beitrag zum Gelingen eines Grillgelages sind würzige Buttermischungen. Dabei sind der kompositorischen Fantasie, was die geschmacklichen Kombinationen angeht, keine Grenzen gesetzt.

Buttermischungen lassen sich sehr gut auf Vorrat produzieren und einfrieren. Wobei es wichtig ist, dass die Butterrolle vor dem Tiefkühlen wirklich gut mit Alufolie ummantelt wird, denn Butter zieht extrem schnell den Geschmack anderer Lebensmittel an.

Wichtig: Bei der Zubereitung sollten die Zutaten alle Zimmertemperatur haben. Zuerst wird die Butter schaumig gerührt, erst danach werden die Kräuter und Gewürze etc. untergemengt.

Zum Einfrieren können Sie die Butter dann zu etwa 3 cm dicken Rollen formen und diese in Alufolie wickeln.

Sie können die Masse aber auch in einen Dressiersack mit Sterntülle füllen und zu Butterrosetten spritzen.

Ich bevorzuge Rollen, da diese besser luftdicht zu verschließen und im Tiefkühler unterzubringen sind.

Die Rosetten hingegen muss man mit genügend Abstand zueinander auf eine Tasse (od. dgl.) platzieren und diese dann sorgfältig mit Alufolie umhüllen, was nie so ganz luftdicht gelingt.

Außerdem besteht die Gefahr, dass die empfindlichen Rosetten, solange sie nicht hart gefroren sind, im Tiefkühler deformiert werden.

Eines spricht allerdings für die fragilen Gebilde: Sie sehen besonders hübsch aus, und die Mühe, die sie bereiten, wird sicherlich von der Begeisterung der Gäste wettgemacht.

Knoblauchbutter

250 g weiche Butter
6–7 Knoblauchzehen, geschält
Saft von 1 1/2 Zitronen
1 TL Kurkuma (Gelbwurzpulver)
Salz, weißer Pfeffer aus der Mühle

Die weiche Butter in der Küchenmaschine oder mit dem Handmixer schaumig rühren. Die Knoblauchzehen am besten mit dem Messerrücken fein zerdrücken oder im Mörser zerstoßen.
Den Knoblauch zur schaumig geschlagenen Butter rühren, Zitronensaft und Kurkuma beigeben und das Ganze mit Salz und Pfeffer abschmecken.

Kräuterbutter

250 g schaumig gerührte Butter
3 Schalotten, feinwürfelig geschnitten
2 EL Petersilie, fein gehackt
1 EL Kerbel, gehackt
1 EL Schnittlauch, fein geschnitten
1 TL Estragon, gehackt
1 TL Basilikum, feinst geschnitten
Saft von 2 Zitronen
1 TL Worcestersauce
2 Knoblauchzehen, geschält und zerdrückt
1/2 TL Tabascosauce
2 EL Sojasauce
Salz, weißer Pfeffer

Paprikabutter

250 g schaumig gerührte Butter
1 TL Tomatenmark
je 1 gelber und roter Paprika, entkernt und feinwürfelig geschnitten
1 1/2 TL edelsüßes Paprikapulver
Saft von 1 Zitrone
Salz, Cayennepfeffer

Kapernbutter

250 g schaumig gerührte Butter
2 EL kleine Kapern, gehackt
1 TL Dijonsenf
Saft von 1 Zitrone
3–4 Sardellenfilets, gehackt
1 EL Petersilie, gehackt
Salz
weißer Pfeffer aus der Mühle

Tipp!

Kapernbutter passt besonders gut zu zartem Fisch – z. B. Seezunge.

Senfbutter

250 g schaumig gerührte Butter
1 EL Dijonsenf
1 EL Pommerysenf
1 EL Worcestersauce
2 EL Kerbel, gehackt
1/2 TL Tabascosauce
Salz
weißer Pfeffer

Tipp!

Diese Buttermischung verleiht gegrilltem Schweinefleisch einen extravagant-pikanten Touch.

Orangen-Pfeffer-Butter

250 g schaumig gerührte Butter
200 ml Orangensaft, auf ca. 2 EL eingekocht
abgeriebene Schale von 2 Orangen
1 EL eingelegte grüne Pfefferkörner, zerdrückt
Salz
weißer Pfeffer aus der Mühle

Räucherlachs-Dill-Butter

250 g schaumig gerührte Butter
3 EL Schalotten, fein geschnitten
Saft von 1 1/2 Zitronen
2 EL Dille, gehackt
100 g Räucherlachs, feinwürfelig geschnitten
Salz
Cayennepfeffer

Tipp!

Die Räucherlachswürfelchen erst ganz zum Schluss vorsichtig unter die Buttermischungen rühren.

Soja-Ingwer-Butter

250 g schaumig gerührte Butter
4 EL Sojasauce
4 EL Austernsauce
2 EL Ingwer, frisch gerieben
Saft von 1 Zitrone
1 EL schwarze Sesamkörner
1 TL Zitronengras, feinst gehackt
1 TL Mangochutney
Salz
weißer Pfeffer

Tipp!

Eine meiner Lieblings-Butter-mischungen!
Passt hervorragend zu hellem Fleisch, speziell zu gegrilltem Kalbfleisch, aber auch zu Lachs.

Trüffelbutter

250 g schaumig gerührte Butter
Saft von 1 Zitrone
30 g schwarze Trüffel, feinst gehackt
oder 2 TL Trüffelöl
Salz
Cayennepfeffer

Tipp!

Die exquisite Trüffelbutter passt speziell zu delikatem Fisch, aber auch zu hellem Fleisch.

Fleisch

Klassiker & Gewagtes

Rost frei für Klassiker

Gute Fleischqualität ist die beste Garantie für Essvergnügen und -genuss – und folglich oberstes Gebot!

Empfehlenswert sind auf jeden Fall zart durchzogene Fleischstücke mit kräftigem Eigengeschmack, etwa Ripperln, Schnitzel und durchzogenes Bauchfleisch. Besonders gut eignen sich Stücke mit Knochen.

Das Fleisch sollte gut abgelegen, trocken und temperiert sein. Nehmen Sie es also schon 1 bis 2 Stunden vor dem Zubereiten aus dem Kühlschrank – und falls es in einer Marinade war, sollten Sie es vor dem Grillen trockentupfen.

Das Fleisch sollte in nicht zu dünne (2–3 cm) Scheiben geschnitten werden, da es sonst leicht austrocknet. Je dicker die Stücke sind, umso größer sollte der Abstand zur Glut sein, damit die äußere Fleischschicht nicht bereits verbrennt, während das Innere noch roh ist. Vermeiden Sie es, Fleischstücke während des Grillens anzustechen – der Saft läuft aus, und das Fleisch wird strohig-trocken. Also nur mit Hilfe einer Grillzange wenden!

Für Fleischspieße sollten Sie nur gleich große Stücke verwenden, die alle dieselbe Grillzeit benötigen.

Soll das Fleisch besonders mürbe und aromatisch im Geschmack sein, so legen Sie es einige Stunden vor dem Grillen in eine Öl-Kräuter-Marinade. Die besten Ingredienzien hierfür sind Rosmarin, Salbei, Thymian, Oregano und Knoblauch, evtl. auch Senf und Wacholder.

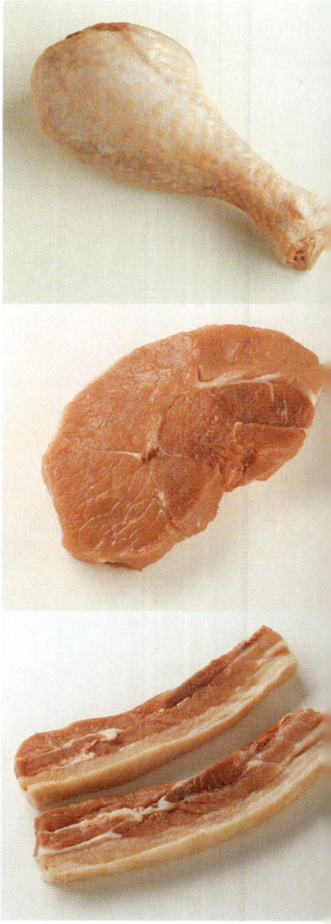

Salzen sollte man Fleisch am besten immer erst nach dem Grillen, sonst wird es trocken und zäh, da ihm das Salz den Saft entzieht.

Magere Stücke bleiben saftig, wenn man sie in Speck oder auch in größere Gemüseblätter (z. B. Kohl oder Mangold) einwickelt – das macht sich zudem auch optisch gut.

Ob man Metall- oder Holzspieße verwendet, ist für das Gelingen nicht von Bedeutung, sondern eine Frage der persönlichen Vorliebe. Metallspieße haben den Vorteil, dass sie die Hitze besser leiten. Aber Vorsicht: Sie werden sehr heiß – also nur mit Handschuhen anfassen!

Holzspieße sollten Sie vor dem Einsatz wässern, damit sie nicht verbrennen.

TIPP: Eventuell die Spieße mit Öl bestreichen, dann löst sich das gegrillte Fleisch leichter vom Spieß.

Oder das Fleisch auf Rosmarinzweige aufspießen, dann wird es besonders aromatisch!

Schweinskoteletts werden besonders würzig, wenn man sie während des Grillens mit Bier bestreicht.

Damit sich die Koteletts nicht wölben, schneidet man den Fettrand an mehreren Stellen ein.

Die Fleischscheiben gleichmäßig dick schneiden! Je dünner sie sind, desto weniger Grillzeit benötigen sie, aber umso schneller trocknen sie auch aus – also Vorsicht!

T-Bone-Steak und Porterhouse-Steak vom **Rind,** aber auch **Lamm**koteletts werden ebenfalls sehr saftig und mürbe.

Vom **Kalb**fleisch empfehle ich Koteletts und Schnitzel.

Geflügel liegt auch beim Grillen voll im Trend, da es aufgrund seines hohen Eiweiß- und geringen Fettanteils geradezu vorbildlich für kalorienarme Ernährung steht. Lagern Sie Geflügel immer verpackt und getrennt von anderen Lebensmitteln, um die Gefahr einer Salmonellenübertragung auszuschließen. Nach der Bearbeitung von rohem Geflügel muss man alle verwendeten Utensilien (Brett, Messer etc.) unbedingt gründlich mit heißem Wasser waschen.

Wunderbar schmecken gegrillte Hühnerkeulen, weil die Haut besonders knusprig und aromatisch wird. Die zarten Hühnerbrüste gelingen besonders gut – sehr gschmackig und gar nicht strohig –, wenn man sie mit Speck oder großen Salat- bzw. Gemüseblättern umwickelt und so vor dem Austrocknen schützt.

Zusätzlich kann man noch Kräuterblättchen unter die Haut schieben.

Achtung: Gepökeltes Fleisch und geselchte Würste sollte man aus gesundheitlichen Gründen auf keinen Fall grillen, denn durch die hohen Temperaturen werden Krebs erregende Nitrosamine freigesetzt!

Marinierte Hühnerkeulen

Zutaten für 4 Personen

12 Hühnerkeulen
Salz
weißer Pfeffer
1/8 l Apfelsaft
2 Zimtrinden
4 Gewürznelken
3–4 Stück Sternanis
2 EL süße Chilisauce
2 EL dunkle Sojasauce

1 Die Hühnerkeulen auslösen, danach salzen und pfeffern.

2 Den Apfelsaft mit der Zimtrinde, den Gewürznelken und dem Sternanis in einem Topf aufkochen, danach erkalten lassen und abseihen. Den Gewürzabsud mit der süßen Chilisauce und der Sojasauce gut verrühren.

3 Die vorbereiteten Hühnerkeulen mit der süß-pikanten Marinade einstreichen und auf dem gut vorgeheizten Grill beidseitig braten.

Tipp!

Die Hühnerkeulen sollte man weder zu rasch noch zu heiß anbraten, da sie sonst außen trocken und am Knochen noch roh sind.

Geflügel vom Grill

Gegrillte Hühnerbrüstchen

Zutaten für 4 Personen

4 Hühnerbrüstchen à 200 g
100 ml Reiswein
1 EL gelbe Currypaste
1 TL Kurkuma, gemahlen
2 EL brauner Zucker
Koriandersamen, gestoßen
Salz

Was Sie sonst noch brauchen:
Frischhaltefolie
Küchenkrepp

1 Den Reiswein mit Currypaste, Kurkumapulver, Zucker und Koriander gut vermischen.

2 Die Hühnerbrüste mit dieser Gewürzpaste bestreichen und in einem Gefäß – mit Folie bedeckt – für 1–2 Stunden kühl stellen und ziehen lassen.

3 Danach das marinierte Fleisch mit Küchenkrepp abtupfen. Zuletzt die Hühnerbrüstchen salzen und auf beiden Seiten rasch grillen.

Tipp!

Bei allen hellen Geflügelsorten, wie Wachtel, Huhn und Truthahn, ist der Fettanteil sehr gering. Daher ist es besonders wichtig, dass man das Fleisch nicht zu lange grillt, da es sonst zäh und trocken wird!

Wachteln am Spieß

1 Die Wachteln halbieren und das Rückgrat entfernen.

2 Das Olivenöl mit dem Honig, dem Rosmarin, dem Knoblauch und dem Chili gut verrühren.

3 Je 1 Wachtelhälfte auf einen Metallspieß stecken und flach drücken, sodass der Brustknochen bricht.

4 Die Wachtelstücke mit Salz und Pfeffer würzen und mit der Honig-Marinade sorgfältig einstreichen. Die Geflügelspieße auf dem gut vorgeheizten Grill ca. 10 Minuten braten – dabei gelegentlich wenden.

Tipp!

Zu diesen auf toskanische Art gegrillten Wachteln schmecken geröstete Tomatenscheiben besonders gut.

ZUTATEN FÜR 4 PERSONEN

4 Wachteln
2 EL kaltgepresstes Olivenöl
2 EL Honig
2 Rosmarinzweige, Nadeln abgerebelt und fein gehackt
4 Knoblauchzehen, geschält und fein gehackt
2 grüne Chilischoten, entkernt und gehackt
Salz
schwarzer Pfeffer, grob zerstoßen

Was Sie sonst noch brauchen:
8 Metallspieße

Flugentenbrust mit Zitronengras

ZUTATEN FÜR 4 PERSONEN

4 Flugentenbrüste, am besten von der Barbarie-Ente
2 Zitronengrasstängel
Salz, Pfeffer
2 TL Akazienhonig
Saft von 2 Orangen

1 Die Flugentenbrüste „schröpfen", das heißt, die Haut im Abstand von 1/2 cm kreuzweise vorsichtig einschneiden – das Fleisch sollte dabei nicht verletzt werden –, damit beim Grillen das Fett austreten kann.

2 Die Zitronengrasstängel der Länge nach vierteln. Die Entenbrüste auf je zwei Zitronengrasstreifen auffädeln und danach salzen und pfeffern.

3 Den Akazienhonig mit dem Orangensaft vermischen und die Entenbrüste damit einstreichen.

4 Die Geflügelstücke auf den gut vorgeheizten Grill legen und auf beiden Seiten ca. 5 Minuten braten – dabei mehrmals wenden und immer wieder mit der Marinade einstreichen. Die fertigen Brüstchen sollten innen noch rosa sein.

Tipp!

Ein knackiger grüner Salat mit einem zitronig-fruchtigen Dressing passt perfekt zu dieser würzigen Ente.

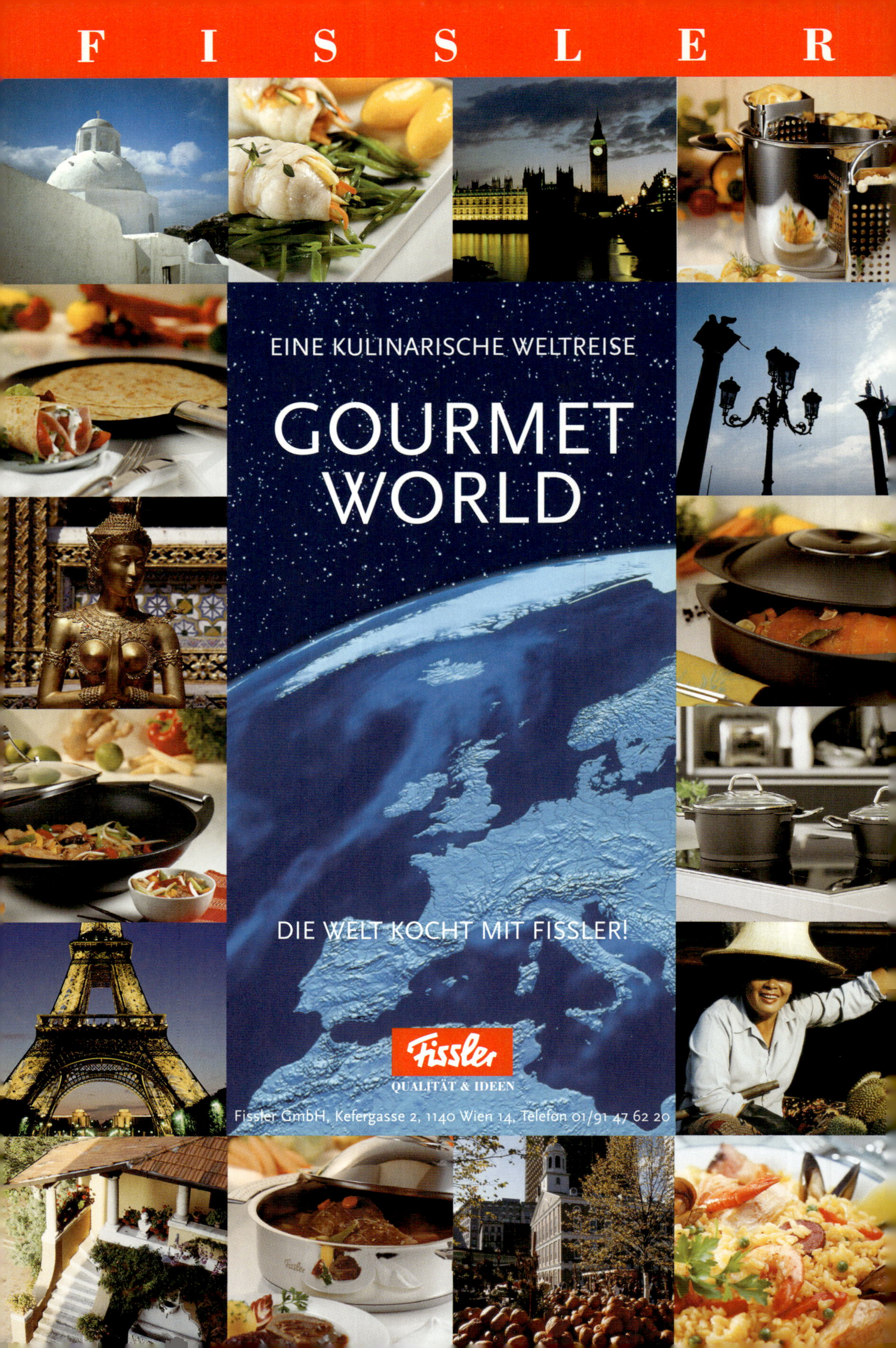
F I S S L E R
EINE KULINARISCHE WELTREISE
GOURMET WORLD
DIE WELT KOCHT MIT FISSLER!
Fissler
QUALITÄT & IDEEN
Fissler GmbH, Kefergasse 2, 1140 Wien 14, Telefon 01/91 47 62 20

Truthahnspieß mit Zitronengras

1 Die Zitronengrasstängel von den äußeren Blättern befreien, die grünen Spitzen und das Wurzelende entfernen. 4 Stängel der Lange nach halbieren, den 5. in feine Ringe schneiden.

2 Die Truthahnbrust in 2 cm große Würfel schneiden. Diese mit einem spitzen Messer durchstechen und danach auf die 8 Zitronengrasstreifen fädeln. Diese „Spieße“ in eine Schüssel legen.

3 Für die Marinade den Fischfond mit Sojasauce, Frühlingszwiebeln, Zitronengrasringen, Chili, Salz, Pfeffer, Öl, Ingwer und Zucker gut verrühren.

4 Mit dieser Marinade die Truthahn-Zitronengras-Spießchen begießen. Das Ganze mit Folie bedecken und im Kühlschrank 1 Stunde ziehen lassen.

5 Danach die Spieße aus der Marinade nehmen und mit Küchenkrepp trockentupfen, nochmals salzen, pfeffern und mit Öl einstreichen und auf beiden Seiten behutsam und nicht zu lange grillen.

Tipp!

Seien Sie großzügig mit Öl. Wenn Sie Fleisch reichlich damit bestreichen, bleibt es auf dem Grill auch saftig.

Zutaten für 4 Personen

600 g Truthahnbrust im Ganzen
5 Zitronengrasstängel
3 EL Fischfond
3 EL helle Sojasauce
4 Frühlingszwiebeln
2 rote Chilischoten, entkernt und in Streifen geschnitten
Salz, Pfeffer
3 EL Öl
1 TL Ingwer, frisch gerieben
1 EL brauner Zucker

Was Sie sonst noch brauchen:
Schüssel
Frischhaltefolie
Küchenkrepp

Gegrillte Hühnerflügel

ZUTATEN FÜR 4 PERSONEN

20 Hühnerflügel
80 ml Sojasauce
Saft von 1 Zitrone
4 EL Pflanzenöl
1 EL Honig
40 ml Sherry
1/2 rote Chilischote, entkernt und gehackt
1 TL Ingwer, frisch gerieben
1 EL schwarze Sesamkörner
2 Knoblauchzehen, geschält und zerdrückt

Was Sie sonst noch brauchen:
Schüssel
Frischhaltefolie

1 Für die Marinade die Sojasauce, den Zitronensaft, Öl, Honig, Sherry, Chili, Ingwer, Sesam und Knoblauch gut miteinander verrühren.

2 Die Hühnerflügel mit der Marinade bestreichen, in eine Schüssel legen und die restliche Marinade dazugießen. Das Ganze mit Folie bedecken und ca. 2–3 Stunden im Kühlschrank durchziehen lassen.

3 Die marinierten Hühnerflügel ca. 12 Minuten grillen – hie und da wenden.

Tipp!

Anfangs die Hühnerflügel scharf anbraten – also auf die heißeste Stelle legen –, danach aber eher an den Grillrand schieben, da sonst die Honigmarinade zu stark karamellisiert bzw. verkohlt.

Schweinsripperln

ZUTATEN FÜR 4 PERSONEN

2 kg Schweinsripperln
8 TL brauner Zucker
1/8 l Wasser
2 TL scharfe Chilisauce
4 TL Sojasauce
2 TL trockener Sherry
2 TL Ingwer, frisch gerissen
8 TL Hoisin-Sauce
10 Knoblauchzehen, geschält und fein gehackt
1 TL Five Spices (Gewürzmischung: Nelken, Zimt, Fenchel, Sternanis, Pfeffer)

1 Die Ripperln in portionsgerechte Stücke teilen.

2 Für die Marinade den Zucker karamellisieren lassen und mit etwas Wasser ablöschen.
Danach die Chili- und die Sojasauce, den trockenen Sherry und den Ingwer zur Karamellmasse geben und alles gut miteinander vermischen. Anschließend die Hoisin-Sauce, die fein gehackten Knoblauchzehen und die Five Spices beimengen und mit dieser Marinade die Ripperln gut einstreichen.

3 Nun die Ripperln auf dem gut vorgeheizten Grill ca. 15 Minuten braten – dabei mehrmals wenden –, bis sie rundum knusprig sind.

Tipp!

Wenn Sie die äußere Fettschicht entfernen möchten, können Sie die Rippchen bereits am Vortag vorkochen. Dann lässt sich das Fett leichter ablösen. Auf diese Weise wird außerdem verhindert, dass herabtropfendes Fett die Glut zu stark aufflammen lässt.

Schwein vom Grill

Schweinsbratwürste

ZUTATEN FÜR 4 PERSONEN

4 Schweinsbratwürste à ca. 150 g
4–5 Thymianzweige
0,2 l Malzbier
2 EL Honig

1 Die Thymianzweige abrebeln und die Blättchen noch etwas kleiner hacken.

2 Das Malzbier, den Honig und den gehackten Thymian gut miteinander verrühren und mit dieser Mischung die Schweinsbratwürste während des Grillens mehrmals einstreichen.

Tipp!

Verwenden Sie doch einmal zum Einstreichen statt eines Pinsels einen Bund Thymian! Sie werden den geschmacklichen Unterschied zu schätzen wissen.

Jungschweinskarree mit Prosciutto und Rosmarin

1 Mit einem schlanken Messer das Jungschweinskarree zwischen den Knochen genügend weit einschneiden, damit man es gut füllen kann.

2 Den Prosciutto (oder die Pancetta) in feine Streifen schneiden. Die Rosmarinnadeln abzupfen und fein hacken. Prosciutto und Rosmarin miteinander vermischen und damit die Einschnitte im Karree füllen. Das Ganze mit Küchengarn umwickeln.

3 Das gefüllte Jungschweinskarree rundum salzen und pfeffern und mit dem Dijonsenf gut einstreichen.

4 Das Karree kurz angrillen, damit sich die Poren schließen können, danach in Alufolie wickeln. Dann das Ganze nicht direkt über der Glut – es sollte nicht zu heiß gebraten werden – langsam weitergrillen. Nach etwa 40 Minuten die Alufolie mit einer Gabel auf der Seite einstechen, damit der Dampf entweichen kann.

5 Nach weiteren 25 Minuten die Alufolie entfernen und das Fleisch auf dem heißen Rost nachbräunen lassen. Vorsicht: Bedenken Sie, dass die Alufolie heiß ist, und verwenden Sie daher beim Auswickeln unbedingt Grillhandschuhe!

Zutaten für 4 Personen

ca. 1,5 kg Jungschweinskarree mit Knochen
150 g Prosciutto oder Pancetta
2–3 Rosmarinzweige
Salz
weißer Pfeffer, frisch gemahlen
2 EL Dijonsenf

Was Sie sonst noch brauchen:
Küchengarn
Alufolie

Tipp!

Schweinefleisch nach dem Grillen immer ca. 5 Minuten rasten lassen, damit das Fleisch zart bleibt und der Saft sich im Inneren setzen kann.

Hirtenspieß

Zutaten für 4 Personen

200 g Schweinslungenbraten
200 g Hühnerbrust
200 g Rindslungenbraten vom Filetspitz
1 Paar Frankfurter
je 1 rote und weiße große Zwiebel
je 1 gelber, roter und grüner Paprika
Salz, Pfeffer

Was Sie sonst noch brauchen:
4 lange Spieße aus Metall od. Holz

1 Die verschiedenen Fleischstücke in ca. 2 cm große Würfel und die Würstel in entsprechende Scheibchen schneiden.

2 Die rote und die weiße Zwiebel schälen und jeweils achteln. Beim Schälen den Wurzelansatz nicht wegschneiden, damit die Zwiebel nicht komplett auseinander fällt.
Die Paprika entkernen und ebenfalls achteln.

3 Das vorbereitete Grillgut in abwechselnder Folge auf die Spieße stecken, das Ganze salzen und pfeffern und auf jeder Seite jeweils ca. 4 Minuten vorsichtig grillen.

Tipp!

*Wenn Sie Holzspieße verwenden, sollten Sie diese ca. 20 Minuten wässern, ehe sie zum Einsatz kommen.
Die Gefahr, dass sie brechen, wird dadurch minimiert, und das Grillgut lässt sich auch leichter aufspießen.*

SEIT **1492**

DENKEN WIR BEIM ANBLICK VON STIEGEN NUR AN DAS EINE:

AN ***Braukunst auf höchster Stufe.***

Denn es war das „SALZBURGER BRAUHAUS ZUR STIEGE“, das Österreichs traditionsreichster Privatbrauerei ihren vollmundigen Namen gab: **SALZBURGER STIEGL.**

ES *muß* EIN **Stiegl** *sein.*

Schweinsschopf – asiatisch mariniert

1 Die Schweinsschopfscheiben mit Salz und Pfeffer würzen und mit etwas Öl bestreichen.

2 Für die Marinade die Ananas schälen, das Fruchtfleisch herauspräparieren und würfelig schneiden. Das Ganze im Mixer zu Püree verarbeiten.
Die Sojasauce, den frisch gerissenen Ingwer, die fein gehackten Knoblauchzehen und die Chilischote ins Ananaspüree einrühren.

3 Die Fleischscheiben auf dem Grill beidseitig anbraten. Nach etwa der Hälfte der Garzeit die Marinade mit einem Pinsel auftragen und das Ganze fertig grillen.

Tipp!

Die „asiatische" Marinade ist eine willkommene Alternative zur klassischen Knoblauch-Paprika-Würzung.

Zutaten für 4 Personen

- 4 Scheiben vom Schweinsschopf à ca. 160 g
- Salz, Pfeffer
- Öl zum Bestreichen
- 100 g frische Ananas
- 4 EL Sojasauce
- 1 EL Ingwer, frisch gerissen
- 2 Knoblauchzehen, geschält und fein gehackt
- 1 rote Chilischote, entkernt und fein gehackt

Würzige Schweinskoteletts mit Ananas-Limonen-Salsa

Zutaten für 4 Personen

4 Schweinskoteletts, ca. 2,5 cm dick
5–6 Knoblauchzehen
1 TL Oregano, frisch gerebelt
1 TL Kümmel, frisch gemahlen
1 TL Korianderkörner, frisch gemahlen
1/2 TL Pfeffer, frisch gemahlen
1 Msp. Zimt
Salz
2 EL Rotweinessig
3 EL Orangensaft
1 EL Blütenhonig
1 EL Olivenöl

Für die Salsa:

1/2 frische Ananas
1 rote Chilischote, entkernt und fein gehackt
1 rote Zwiebel, geschält und fein geschnitten
2 EL Koriander oder Minze, fein gehackt
Saft und abgeriebene Schale von 1 unbehandelten Zitrone
Salz
Tabascosauce

Was Sie sonst noch brauchen:

tiefes Gefäß
Frischhaltefolie

1 Den Fettrand der Schweinskoteletts etwa alle 4 cm einschneiden.

2 Den zerdrückten Knoblauch und den Oregano mit den restlichen Gewürzen, dem Rotweinessig, dem Orangensaft, dem Honig und dem Öl zu einer Art Marinade verrühren.

3 Das Fleisch in ein tiefes Gefäß geben, mit der Marinade bedecken, das Ganze mit Folie verschließen und ca. 4 Stunden im Kühlschrank ziehen lassen.

4 Für die Salsa das Ananasfruchtfleisch würfelig schneiden. Chili, Zwiebel, Koriander (od. Minze) mit Zitronensaft und -schale gut vermischen. Diese Mischung sorgfältig mit den Ananaswürfeln verrühren und das Ganze ca. 30 Minuten durchziehen lassen; danach mit Salz und Tabascosauce abschmecken.

5 Die marinierten Koteletts pro Seite 8–10 Minuten grillen und mit der Ananas-Limonen-Salsa servieren.

Tipp!

Das Einschneiden des Fettrandes verhindert, dass sich die Koteletts am Rand aufbiegen und während des Grillens schrumpfen. So bleiben sie flach und bräunen daher auch gleichmäßig.

Mit Mozzarella und Schinken gefüllte Schweinskoteletts

Zutaten für 4 Personen

4 Schweinskoteletts, ca. 2,5 cm dick
100 g Schinken
100 g Büffelmozzarella, in dünne Scheiben geschnitten
1 Bund Basilikum, die Blätter in Streifen geschnitten
Salz, Pfeffer

Was Sie sonst noch brauchen:
Zahnstocher

1 Den Fettrand der Schweinskoteletts etwa alle 4 cm einschneiden. Danach mit einem schmalen Messer in die Koteletts Taschen schneiden.

2 Die Schinkenblätter, die Mozzarellascheiben und das Basilikum in vier Portionen teilen. Dann jeweils den Mozzarella auf den Schinken legen, mit Basilikum bestreuen, mit Salz und Pfeffer würzen und das Ganze zu Päckchen formen.

3 Die Schweinskoteletts mit den Schinken-Mozzarella-Päckchen füllen. Die Taschen mit Zahnstochern verschließen und die gefüllten Koteletts ca. 8 Minuten pro Seite grillen.

Tipp!

Um Flammenbildung zu vermeiden, sollten Sie überschüssiges Fett stets wegschneiden. Fleischstücke vom Schwein haben oft einen Fettrand, sind aber kaum von Fett durchzogen. Deshalb sollten Sie das Fleisch vor dem Grillen marinieren oder mit Fett bestreichen, so bleibt es besonders saftig.

Marinierte Scheiben vom Bauchfleisch

1 Die Knoblauchzehen schälen und im Mörser oder in der Küchenmaschine mit den restlichen Zutaten zu einer homogenen Masse verarbeiten.

2 Mit dieser Paste die Fleischscheiben einstreichen, mit Folie bedecken und das Ganze im Kühlschrank mindestens 4 Stunden gut einziehen lassen.

3 Vor dem Grillen die überschüssige Paste leicht abstreifen, und danach das Fleisch 5–6 Minuten pro Seite braten.

Tipp!

Wichtig: Schweinefleisch sollte so lange gegrillt werden, bis es innen ca. 70 °C – kann mit Hilfe eines Fleischthermometers gemessen werden – erreicht. Es sollte durchgehend hell gefärbt sein.

Zutaten für 4 Personen

8 Scheiben Bauchfleisch à 100 g
5–6 Knoblauchzehen
100 ml Sonnenblumenöl
2 EL Blütenhonig
1 EL edelsüßes Paprikapulver
1 TL ganzer Kümmel
Salz, Pfeffer

Was Sie sonst noch brauchen:
Frischhaltefolie

Schweinslungenbraten in der Folie

ZUTATEN FÜR 4 PERSONEN

2 Schweinslungenbraten, zugeputzt
Salz, Pfeffer
1 TL Dijonsenf
2 rote Zwiebeln, geschält
4 Knoblauchzehen, geschält
Butter für die Folie
4 Rosmarinzweige, Nadeln abgerebelt

Was Sie sonst noch brauchen:
Alufolie

1 Die Schweinslungenbraten mit Salz und Pfeffer würzen und mit Dijonsenf einstreichen.

2 Die Zwiebeln in sechs Teile und die Knoblauchzehen in Scheibchen schneiden.

3 Zwei Stück Alufolie mit Butter bestreichen, die Zwiebel- und Knoblauchstücke darauf verteilen und jeweils einen Lungenbraten darauf setzen. Die Rosmarinnadeln darüber streuen und die Folie verschließen. Die Päckchen auf die heißeste Stelle des Grills legen und unter mehrmaligem Wenden ca. 12 Minuten braten.

4 Die Lungenbraten vom Grill nehmen, kurz rasten lassen, danach aus der Folie lösen, in portionsgerechte Stücke schneiden und servieren.

Tipp!

Dazu eignet sich hervorragend eine Joghurt-Schnittlauch-Sauce.

Kalbskoteletts mit sonnengetrockneten Tomaten

Zutaten für 4 Personen

4 Kalbskoteletts à 250–300 g
100 g schwarze Oliven, entkernt und fein gehackt
200 g sonnengetrocknete Tomaten, feinwürfelig geschnitten
1/8 l kaltgepresstes Olivenöl
Salz
weißer Pfeffer aus der Mühle
1 Rosmarinzweig
1 Thymianzweig

Was Sie sonst noch brauchen:
Frischhaltefolie
tiefes Gefäß

1 Die gehackten Oliven und die Tomatenwürfelchen mit dem Öl, etwas Salz und weißem Pfeffer zu einer Marinade vermischen.

2 Die Kalbskoteletts, gut mit der Marinade bestrichen, in ein Gefäß legen, den Rosmarin- sowie den Thymianzweig beigeben. Das Ganze mit Folie gut verschließen und im Kühlschrank über Nacht marinieren lassen.

3 Vor dem Grillen Thymian und Rosmarin entfernen, das überschüssige Öl abfließen lassen und beiseite stellen. Die Kalbskoteletts auf dem gut vorgeheizten Grill ca. 5–6 Minuten beidseitig anbraten – sie sollten danach zartrosa sein.

4 Das Fleisch noch kurz warm stellen, damit es ein wenig rasten kann, dann mit etwas Öl von der Marinade bepinseln und servieren.

Tipp!

Gutes Kalbfleisch hat eine schöne hellrote oder auch rosa Farbe, eine schneeweiße Fettabdeckung und eine ebensolche Fettmarmorierung. Braune oder graue Fleischstellen deuten auf überlagertes und altes Fleisch hin.

Kalb vom Grill

Echter Fleischgenuss bei BILLA.
AS BESTE FÜR MICH.
AT 33
1682
hre
ÖSTERREICH
Bauernhof
GARANTIE

Kalbsnierenspieße

1 Die Kalbsnieren vom Fett befreien und für 2 Stunden in Milch einlegen; anschließend auf Küchenkrepp abtropfen lassen. Danach die Nieren in etwa 2 cm große Würfel schneiden.

2 In einem kleinen Cutter die Kapern, die Oliven, den Zitronensaft, die Chilischote und die Basilikumblätter zu einer homogenen Paste verarbeiten.

3 Die Nierenwürfel rundum pfeffern, mit der Paste einstreichen und jeweils mit einer Scheibe Hamburgerspeck umwickeln. Das Ganze auf Holzspießchen (vorher wässern!) stecken und auf großer Hitze rasch grillen.

Tipp!

Falls Sie die Nieren im Ganzen grillen möchten, schneiden Sie bitte keinesfalls das Fett ab, dadurch bleibt das Fleisch zart und saftig.

Zutaten für 4 Personen

2 Kalbsnieren
1/4 l Milch
20 Scheiben Hamburgerspeck
1 EL eingelegte Kapern
5 schwarze Oliven, entkernt
Saft von 1/2 Zitrone
1/2 rote Chilischote, entkernt
10 Basilikumblätter
Pfeffer

Was Sie sonst noch brauchen:
Holzspieße, in Wasser eingeweicht
Küchenkrepp

Gefülltes Kalbsschnitzel mit Mozzarella

ZUTATEN FÜR 4 PERSONEN

8 Kalbsschnitzel à 80–100 g (am besten vom Kaiserteil)
8 Scheiben Mozzarella
8 Salbeiblätter
Saft von 1/2 Limette
Salz
Olivenöl

Was Sie sonst noch brauchen:
Frischhaltefolie
Zahnstocher

1 Die Kalbsschnitzel zwischen Frischhaltefolie so dünn wie möglich klopfen.

2 Die Schnitzel jeweils zur Hälfte mit einer Scheibe Mozzarella und einem Salbeiblatt belegen, leicht salzen und mit Limettensaft beträufeln. Die andere Hälfte darüber klappen, die Ränder leicht anklopfen, sodass sie gut geschlossen sind, und das Ganze mit Zahnstochern fixieren.

3 Die gefüllten Kalbsschnitzel auf maximaler Hitze beidseitig kurz grillen.

Tipp!

Wenn Sie das Fleisch klopfen – auch plattieren genannt –, verwenden Sie den Handballen, ein Plattiereisen oder einen Pfannenboden. Denn dadurch wird die Faser nicht verletzt.

Kalbsfilet mit Curry und Kokosmilch

ZUTATEN FÜR 4 PERSONEN

4 Scheiben Kalbsfilet à ca. 180 g
je 1 EL mildes und scharfes Currypulver
1/4 l Kokosmilch
Saft von 1 Zitrone
1 TL Zucker
Salz

Was Sie sonst noch brauchen:
Frischhaltefolie
tiefes Gefäß

1 Den Curry mit der Kokosmilch, dem Zitronensaft und dem Zucker gut verrühren.

2 Die Fleischscheiben damit einstreichen und in einem Gefäß – mit Folie zugedeckt – über Nacht durchziehen lassen.

3 Vor dem Grillen die Filetstücke aus der Marinade heben, salzen und auf dem gut vorgeheizten Grill ca. 6–8 Minuten zartrosa braten. Danach die gegrillten Filets mit der restlichen Marinade bestreichen, noch kurz warm stellen und erst dann servieren.

Tipp!

Probieren Sie doch einmal die Orangen-Pfeffer-Butter (siehe S. 52) dazu.

Mattersburger

ZUTATEN FÜR 4 PERSONEN

500 g Faschiertes vom Rind
1 Semmel
2 Zwiebeln, geschält und feinst gehackt
2 Eier
2 Essiggurkerln
1 Bund Petersilie, fein gehackt
1 EL Dijonsenf
1 EL Ketchup
2 Knoblauchzehen, geschält und zerdrückt
1 TL edelsüßes Paprikapulver
Salz
schwarzer Pfeffer aus der Mühle
2 EL Butter
4 Burgerbrötchen

Zum Garnieren:
1 rote Zwiebel, geschält und in Ringe geschnitten
2 EL Cocktailsauce
Salatblätter
Chilipulver

1 Die Semmel kurz in Wasser (oder in einem Milch-Wasser-Gemisch) einweichen, dann ausdrücken und mit dem Faschierten vermischen.

2 In die Laibchenmasse die Eier, die gehackten Gurkerln, die Petersilie, den Senf, das Ketchup, den Knoblauch, das Paprikapulver, das Salz und den Pfeffer einarbeiten.

3 Die fein geschnittenen Zwiebeln in Butter anglasen und ebenfalls unter das Faschierte mengen. Das Ganze zu Laibchen formen und diese auf dem Grill auf nicht zu großer Hitze ca. 3–4 Minuten pro Seite braten.

4 Die Burgerbrötchen halbieren und am Grillrand ein wenig aufbacken.

5 Die untere Burgerbrötchenhälfte jeweils mit Zwiebelringen, Cocktailsauce und Salatblättern belegen, etwas Chilipulver darüber streuen und das Fleischlaibchen darauf setzen. Und zuletzt das Ganze mit der Burgerbrötchenkappe bedecken.

Tipp!

Kneten Sie das Fleisch rasch durch. Zu langes Verarbeiten führt nämlich zu zähen, trockenen Burgern.

Rind vom Grill

Entrecôte double

Zutaten für 4 Personen

2 Beiriedschnitten à ca. 350 g
2 weiße Zwiebeln, geschält
2 Rosmarinzweige, Nadeln abgerebelt
2 Thymianzweige, Blätter abgerebelt
1/8 l Olivenöl
1 Lorbeerblatt
Salz
schwarzer Pfeffer, grob gemahlen

Was Sie sonst noch brauchen:
tiefes Gefäß
Frischhaltefolie

1 Die Zwiebeln in 1 cm dicke Ringe schneiden und diese zusammen mit den Kräutern, dem Olivenöl und dem Lorbeerblatt zu einer Marinade vermischen. Die Entrecôtes damit einstreichen, in ein Gefäß legen, die restliche Marinade darüber gießen, das Ganze mit einer Folie verschließen und über Nacht ziehen lassen.

2 Am nächsten Tag das Fleisch aus dem Kräuter-Öl-Gemisch heben, gut salzen und pfeffern und auf dem vorgeheizten Grill beidseitig ca. 8–10 Minuten braten.

Tipp!

Eine hervorragende Ergänzung wäre z. B. eine Schafkäse-Oliven-Sauce (siehe S. 149).

Prime Ribs

1 Das Fleisch im Ganzen bis ca. zur Mitte der Rippchen vom Knochen lösen und mit Salz und Pfeffer einreiben. Die Unterseite mit Dijonsenf einstreichen, nach innen klappen und das Ganze jeweils zwischen den Rippenknochen mit Küchengarn zusammenbinden.

2 Diese Rippenstücke auf dem gut vorgeheizten Grill rundum rasch anbraten.

3 Die gehackten Chilischoten mit Honig vermischen.

4 Die scharf angebratenen Prime Ribs mit der Chili-Honig-Mischung einstreichen, in Alufolie wickeln und 1 bis 1 1/4 Stunden auf dem mittelheißen Rost rosa grillen.

Tipp!

Das Fleisch vor dem Servieren immer ca. 5–7 Minuten rasten lassen, damit sich der Fleischsaft im Inneren setzen kann.

Zutaten für 4 Personen

ca. 1,6 kg Prime Ribs
Salz, Pfeffer
4 EL Dijonsenf
4 Chilischoten, entkernt und fein gehackt
8 EL Honig

Was Sie sonst noch brauchen:
Alufolie
Küchengarn

Rostbraten mit roten Zwiebeln

ZUTATEN FÜR 4 PERSONEN

4 Scheiben Rostbraten à 180 g
Salz, Pfeffer
2 TL Dijonsenf
3 rote Zwiebeln, geschält

Was Sie sonst noch brauchen:
Alufolie
evtl. Grilltasse

1 Die Rostbratenstücke leicht klopfen, salzen und pfeffern, mit Senf bestreichen und auf beiden Seiten schön braun grillen.

2 Anschließend das Fleisch vom Grill nehmen, mit Alufolie bedecken und noch ca. 5 Minuten ruhen lassen.

3 Die Zwiebeln in Viertel schneiden und diese einfach auf dem Grill oder der Grilltasse garen.

Tipp!

Zwiebeln sollte man niemals zu heiß grillen! Sie enthalten viel Zucker, der beim Erhitzen zuerst karamellisiert und dann verbrennt.

Huft-Steak

Zutaten für 4 Personen

4 Huft-Steaks à 180 g
2 EL dunkle Sojasauce
1 EL Oystersauce
1 EL Koriander, gehackt
1 EL Blütenhonig
2 EL Sesamöl
1 EL Sambal Oelek
Salz
weißer Pfeffer

Was Sie sonst noch brauchen:
Frischhaltefolie

1 Die Soja- und die Oystersauce mit gehacktem Koriander, Honig, Sesamöl und Sambal Oelek zu einer Marinade verrühren, das Fleisch damit einstreichen, in ein Gefäß legen, die restliche Marinade darüber gießen, das Ganze mit Folie bedecken und im Kühlschrank mindestens 12 Stunden durchziehen lassen.

2 Vor dem Grillen die Steaks aus der Marinade heben und diese leicht abstreifen.

3 Nun das Fleisch salzen, pfeffern und auf dem gut vorgeheizten Grill auf beiden Seiten ca. 4–5 Minuten braten.

Tipp!

Probieren Sie dazu doch einmal ein Gemüse-Chutney (siehe S. 159) dazu.

Filetsteaks mit Ananas

1 Das Ananasfruchtfleisch auslösen, die Hälfte davon mit Hilfe eines Mixstabs sehr fein pürieren. Die andere Hälfte in längliche Schnitze schneiden.

2 Für die Marinade: In das Ananaspüree Knoblauch, Koriander, Cayennepfeffer und Olivenöl einrühren und das Ganze mit etwas Salz und Pfeffer abschmecken. Die Steaks damit bestreichen, in ein Gefäß legen, das restliche Fruchtpüree dazugeben. Das Ganze mit Folie bedecken und mindestens 4 Stunden im Kühlschrank marinieren lassen.

3 Danach die Filetsteaks aus der Ananasmarinade heben und diese mit Hilfe eines Messerrückens leicht abstreifen.

4 Für die Ananassauce die Marinade kurz aufkochen lassen und danach mit QimiQ verrühren.

5 Die präparierten Steaks auf dem gut vorgeheizten Grill auf jeder Seite ca. 5 Minuten braten – sie sollten noch rosa sein.

6 Danach das Fleisch vom Grill nehmen, jeweils einige Butterflocken darauf setzen und das Ganze noch ein wenig ruhen lassen.

7 Inzwischen die Ananasschnitze auf einer Grilltasse leicht bräunen lassen.

8 Die Filetsteaks mit Ananassauce und gegrillten Ananasschnitzen servieren.

Tipp!

Eine Ananas ist reif, wenn sich die inneren Blätter des grünen Blattschopfes leicht herauszupfen lassen.

ZUTATEN FÜR 4 PERSONEN

4 Filetsteaks à 200 g
1 Ananas
4 Knoblauchzehen, geschält und zerdrückt
1 TL Koriander, gemahlen
1 Msp. Cayennepfeffer
4 EL Olivenöl
Salz
weißer Pfeffer
2 EL QimiQ
40 g Butter

Was Sie sonst noch brauchen:
Grilltasse
Frischhaltefolie
tiefes Gefäß

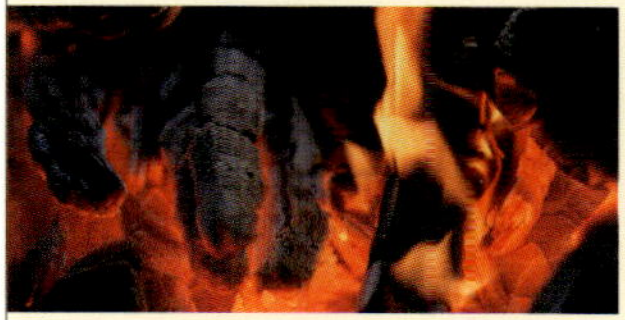

Rindsrouladen mit Garnelen

Zutaten für 4 Personen

600 g Rindslungenbraten aus dem Mittelstück
8 Riesengarnelenschwänze, Darm entfernt
Saft von 1/2 Zitrone
2 Knoblauchzehen, geschält und fein gehackt
1 Bund Petersilie, fein gehackt
1 TL Cayennepfeffer
Salz
schwarzer Pfeffer aus der Mühle
50 g Pecorino, fein gerieben
5 EL kaltgepresstes Olivenöl

Was Sie sonst noch brauchen:
Frischhaltefolie
Rouladenklammern

1 Den Zitronensaft mit Knoblauch, Petersilie und Cayennepfeffer zu einer Marinade verrühren. Die Garnelenschwänze damit einstreichen, auf einen Teller legen, mit Folie bedecken und kühl stellen.

2 Das Rinderfilet in 8 gleich große Scheiben schneiden. Diese jeweils zwischen zwei Folienstücke legen und dünn plattieren. Anschließend die Fleischstücke salzen und pfeffern, jeweils einen marinierten Garnelenschwanz darauf setzen und leicht mit Pecorino bestreuen.
Das Ganze zu kleinen Rouladen rollen und mit Klammern fixieren.

3 Die gefüllten Filetrouladen mit Öl dünn bestreichen und 7–9 Minuten unter mehrmaligem Wenden grillen.

Tipp!

Besonders schmackhaft werden Rouladen, wenn Sie dafür Beiried verwenden. Beachten Sie dabei aber die kürzere Garzeit.

Sirloin-Steaks mit Orangen-Pfeffer-Sauce

Zutaten für 4 Personen

4 Sirloin-Steaks à 200 g
schwarzer Pfeffer, grob gemahlen
Salz
0,2 l Schlagobers
Saft von 1/2 Orange

50 g eingelegter grüner Pfeffer
1 Msp. mildes Currypulver

Zum Garnieren:
filetierte Orangenspalten
100 g Vogerlsalat, gewaschen und geputzt

Was Sie sonst noch brauchen:
Alufolie

1 Die Steaks mit schwarzem Pfeffer würzen und auf dem gut vorgeheizten Grill beidseitig ca. 4 Minuten rosa braten. Das Fleisch erst danach salzen, in Alufolie wickeln und warm stellen.

2 Für die Sauce das Obers mit dem Orangensaft auf die Hälfte einkochen lassen, den grünen Pfeffer dazugeben und das Ganze mit Curry und Salz abschmecken.

3 Die Sirloin-Steaks aus der Folie wickeln, auf dem Vogerlsalat anrichten, mit der Sauce nappieren und mit Orangenfilets dekorieren.

Tipp!

Passend hierzu: die Orangen-Pfeffer-Buttermischung (siehe S. 52). Sie unterstreicht noch den Orangengeschmack.

Gegrillte Krautlaibchen

1 Die Krautblätter vom groben Strunk befreien und leicht flach klopfen.

2 Für die Fülle Zwiebel und Knoblauch in Olivenöl anschwitzen und unter das Faschierte mischen.

3 Die Semmel in Wasser (oder in einem Milch-Wasser-Gemisch) kurz einweichen, dann ausdrücken und ebenfalls dem Faschierten beimengen. Dieser Masse Eier, Senf, Ketchup, Rosmarin und Zitronenschale beigeben. Alles gut vermischen und mit Salz und Pfeffer abschmecken.

4 Das Faschierte zu 8 Laibchen formen und jeweils eines auf ein Krautblatt legen und dieses zu einem Päckchen zusammenschlagen. Das Ganze mit Küchengarn fixieren.

5 Die Fleischtomaten in dickere Scheiben schneiden.

6 Die Krautlaibchen und die Tomatenscheiben mit etwas Knoblauchöl bepinseln. Die Krautlaibchen auf dem nicht zu heißen Grill langsam garen und die Tomatenscheiben auf der Grilltasse braten.

7 Für die Sauce den Sauerrahm mit Paprikapulver, Zitronensaft, Salz und Pfeffer verrühren.

8 Vor dem Servieren das Küchengarn von den Krautlaibchen entfernen und diese mit der Rahmsauce und den gebratenen Tomatenscheiben anrichten.

Tipp!

Die Krautlaibchen am besten mit zerlassener Butter einstreichen, das verhindert ein zu schnelles Austrocknen. Falls die Hitze allzu groß wird, können Sie die Laibchen auch in Alufolie einwickeln.

Zutaten für 4 Personen

400 g gemischtes Faschiertes (2/3 Rind, 1/3 Schwein)
8 große Weißkrautblätter
1 Zwiebel, geschält und gehackt
2 Knoblauchzehen, geschält und gehackt
Olivenöl
1 Semmel
2 Eier
1 TL Senf
1 EL Ketchup
1 Rosmarinzweig, die Nadeln abgerebelt und gehackt
abgeriebene Schale von 1 unbehandelten Zitrone
Salz, Pfeffer
2 Fleischtomaten
1 EL Knoblauchöl

Für die Sauce:
1/4 l Sauerrahm
1 TL edelsüßes Paprikapulver
Saft von 1 Zitrone
Salz, Pfeffer

Was Sie sonst noch brauchen:
Küchengarn
Grilltasse

Wraps in 2 Varianten

ZUTATEN FÜR 4 PERSONEN

Für den Teig:

500 g feines Buchweizenmehl
0,3 l lauwarmes Wasser
1 EL Sonnenblumenöl
4 Eier
Salz
Sonnenblumenöl zum Herausbacken

Für die Variante I:

250 g gemischtes Faschiertes
je 1 roter, gelber und grüner Paprika
100 g Chorizo
100 g Eisberg- oder Bummerlsalat
1 mittelgroße rote Zwiebel, geschält
2 EL Sonnenblumenöl
100 g Maiskörner, vorgekocht
50 g Mayonnaise
Salz

Für die Variante II:

500 g niederes Beiried
1 EL Dijonsenf
abgeriebene Schale und Saft von 1/2 Limette
1 TL schwarze Sesamkörner
1 EL Sojasauce
2–3 Spritzer Tabascosauce
Frischhaltefolie

1 Für den Teig das Mehl mit Wasser und Öl glatt rühren. Dann die Eier beifügen und das Ganze zu einem dünnflüssigen Teig verarbeiten – wenn nötig noch etwas lauwarmes Wasser hinzufügen – und gut salzen. In einer Pfanne mit wenig Öl den Teig zu palatschinkenähnlichen Fladen backen.

2 Für die Variante I die Paprika entkernen und würfelig schneiden. Den Chorizo (würzige, schlanke spanische Hartwurst) fein schneiden. Den gewaschenen Eisbergsalat (oder Bummerlsalat) und die Zwiebel in Streifen schneiden. Faschiertes und Chorizo in Öl kurz anbraten, die Zwiebelstreifen und die Paprikawürfel beifügen und mitschwitzen lassen, dabei alles gut durchmischen.
Danach das Ganze vom Herd nehmen und auskühlen lassen.
Den Eisbergsalat, die Maiskörner und die Mayonnaise mit der ausgekühlten Fleischmasse vermischen, mit Salz abschmecken und die Wraps damit füllen.
Vor dem Servieren die gefüllten Wraps auf dem Grill nochmals erhitzen.

3 Für die Variante II das Beiried in dünne Scheiben schneiden. Diese jeweils zwischen Folie legen und dünn klopfen.
Für die Marinade den Dijonsenf mit Limettenschale- und -saft, Sesam, Soja- und Tabascosauce verrühren.
Die Beiriedscheibchen mit der Marinade bepinseln und auf dem heißen Grill beidseitig kurz braten.
Jeweils eine Teigflade mit einer gegrillten Beiriedscheibe belegen und das Ganze einrollen.

Tipp!

Wraps gehören zu den Klassikern der Tex-Mex-Küche. Als Beilage empfehle ich scharfe Salsas.

Lammspieße in Olivenöl-Zitronen-Marinade

ZUTATEN FÜR 4 PERSONEN

600 g Lammkeulenfleisch aus der Schale oder Nuss, zugeputzt
je 1 roter, gelber und grüner Paprika
Salz, Pfeffer

Für die Marinade:
2 EL schwarze Oliven, entkernt und fein gehackt
1 EL Pinienkerne, fein gehackt
Saft und Schale von 1 unbehandelten Zitrone
1/2 TL Rosmarin, abgerebelt und gehackt
2 Zitronenthymianzweige, Blätter abgerebelt
4 EL Olivenöl

Was Sie sonst noch brauchen:
Holzspieße, in Wasser eingeweicht
tiefes Gefäß
Frischhaltefolie

1 Das Fleisch in gleich große Würfel schneiden.

2 Die Paprika halbieren, entkernen und in ca. 2 cm große Quadrate schneiden.

3 Die Fleischwürfel abwechselnd mit den Paprikastückchen auf die Holzspieße (vorher wässern!) stecken.

4 Für die Marinade alle Zutaten gut miteinander verrühren.

5 Die Lammspieße mit der Kräuter-Öl-Marinade einstreichen, in ein Gefäß einlegen und die restliche Marinade darüber gießen. Das Ganze mit Folie bedecken und für 3–4 Stunden in den Kühlschrank stellen.

6 Die Lammspieße aus der Marinade nehmen, salzen und pfeffern und auf dem Grill zartrosa braten. Dazu passt Minzsauce oder Schafkäse-Olivensauce.

Tipp!

Die Garzeit bei diesen Spießen ist sehr kurz – je nach Größe und Hitze – 2–4 Minuten pro Seite. Das Fleisch sollte unbedingt noch rosa sein, nur so ist garantiert, dass auch Stücke aus der Keule noch sehr weich sind.

Lamm vom Grill

Lammcevapcici

ZUTATEN FÜR 4 PERSONEN

400 g Lammfaschiertes aus der Schulter oder vom Schlögel
1 Zwiebel, geschält
2 Knoblauchzehen, geschält
100 g Champignons, gewaschen und geputzt
100 g Hamburgerspeck
Olivenöl
1 Semmel
2 Eier
1 TL Senf
1 EL Ketchup
1 Rosmarinzweig, Nadeln abgerebelt und gehackt
1 Chilischote, entkernt und fein geschnitten
1 TL edelsüßes Paprikapulver
abgeriebene Schale von 1 unbehandelten Zitrone
3 EL Pistazien, fein gehackt
Salz, Pfeffer

1 Die Zwiebel, die Knoblauchzehen, die Champignons sowie den Speck kleinwürfelig schneiden, in Olivenöl anschwitzen und mit dem Faschierten vermengen.

2 Die Semmel in Wasser kurz einweichen, danach ausdrücken und unter das Faschierte mischen. Die restlichen Zutaten beifügen, alles gut durchmischen und zuletzt mit Salz und Pfeffer abschmecken.

3 Das Faschierte zu Cevapcici (länglichen Röllchen) formen und diese auf dem Grill rundum braun braten.

Tipp!

Zu Cevapcici wird traditionellerweise Zwiebelsenf (siehe S. 149) gereicht.

Gespickte Lammnüsschen

1 Die Karotten, die Gelben Rüben und den Speck in ca. 10 cm lange und 1/2 cm dicke Stifte schneiden.

2 Die Gemüsestifte in Salzwasser kurz blanchieren und danach abseihen.

3 Die Lammnüsschen in der Faserrichtung abwechselnd mit Gemüse- und Speckstiftchen spicken.

4 Die Kräuterzweige auf dem Fleisch verteilen und mit Küchengarn fixieren. Das Ganze salzen und pfeffern.

5 Die gespickten Lammnüsschen auf nicht zu großer Hitze ca. 15–18 Minuten unter mehrmaligem Wenden rosa grillen. Vor dem Servieren das Garn entfernen und die Nüsschen in feine Tranchen schneiden.

Tipp!

Ein Rahm-Gurken-Salat (siehe S. 138) eignet sich dazu hervorragend.

ZUTATEN FÜR 4 PERSONEN

2 Lammnüsschen à ca. 300 g, zugeputzt
2 Karotten, gut geputzt
2 Gelbe Rüben, gut geputzt
150 g Hamburgerspeck
Salzwasser
4 Thymianzweige
2 Rosmarinzweige
Salz
Pfeffer, frisch gemahlen

Was Sie sonst noch brauchen:
Küchengarn

Marinierte Lammkoteletts

Zutaten für 4 Personen

2 Lammracks
5 Knoblauchzehen, geschält
3 EL kaltgepresstes Olivenöl
Salz
schwarzer Pfeffer, frisch gemahlen
4 EL Dijonsenf
4 Thymianzweige
2 Rosmarinzweige

Was Sie sonst noch brauchen:
Alufolie
Küchengarn

1 Die Lammracks von den Sehnen befreien und die Knochen mit Alufolie umwickeln, damit diese beim Grillen nicht verbrennen.

2 Die Knoblauchzehen im Mörser unter Zugabe von Olivenöl zu einer Paste verarbeiten.

3 Die Racks salzen und pfeffern, mit Dijonsenf einstreichen und die Kräuterzweige mit Hilfe von Küchengarn gut verteilt darauf befestigen.

4 Auf dem gut vorgeheizten Grill die Rippenstücke ca. 8 Minuten braten, wobei man sie etwas länger auf der Knochenseite liegen lässt, da hier das Fleisch nicht ganz so schnell gegart ist.
Zwischendurch die Lammracks immer wieder mit der Knoblauch-Olivenöl-Paste bestreichen.

Tipp!

Außen wird Lammfleisch sehr viel schneller gar als im Inneren. Machen Sie mit den Fingern die Druckprobe. Je mehr das Fleisch nachgibt, desto roher ist es.

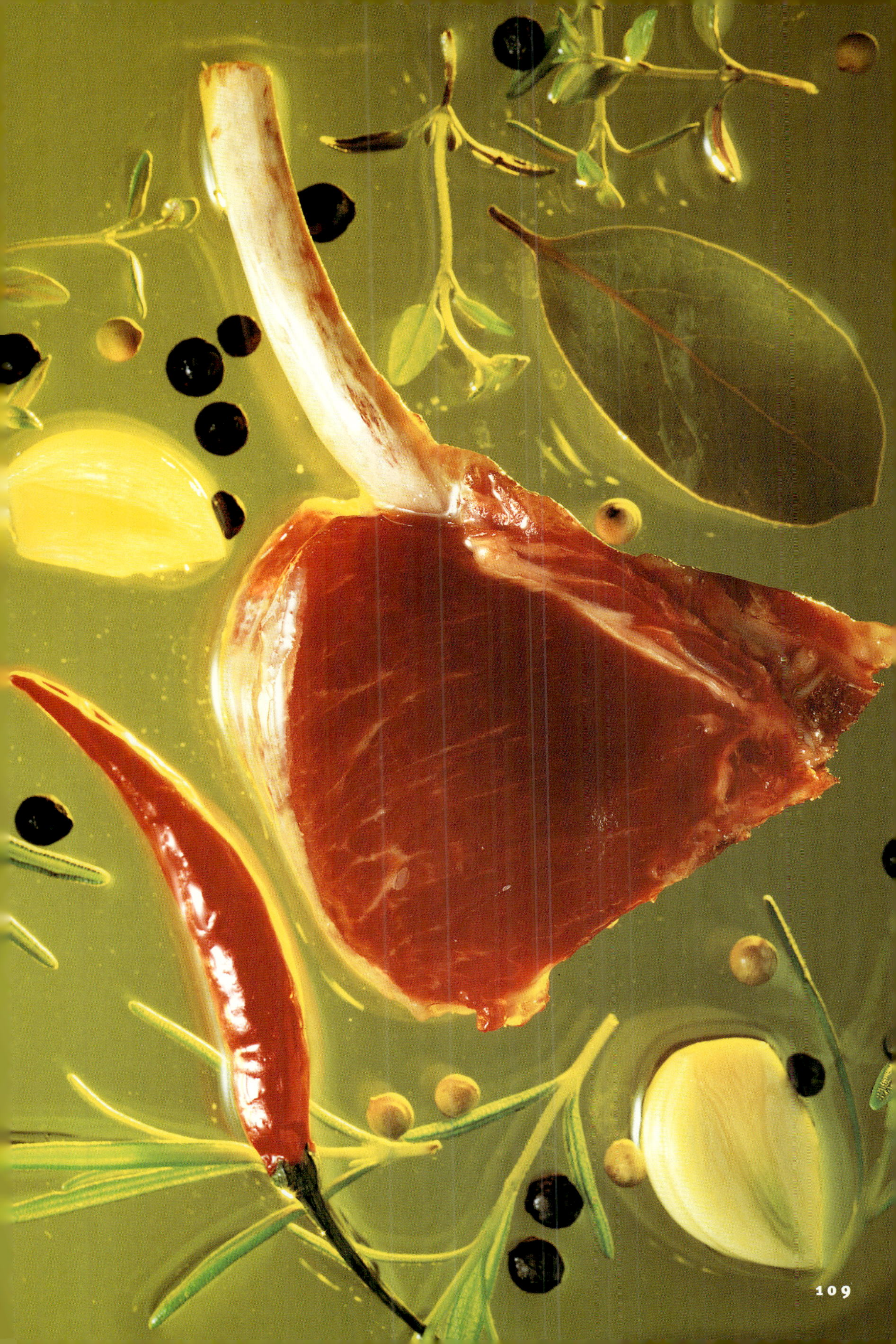

Lammfilets

ZUTATEN FÜR 4 PERSONEN

8 Lammlungenbraten
6 Knoblauchzehen, geschält
2–3 Zitronenthymianzweige, Blätter abgerebelt und gehackt
1 Rosmarinzweig, Nadeln abgerebelt und gehackt
5 schwarze Pfefferkörner
2 EL kaltgepresstes Olivenöl
Salz

Was Sie sonst noch brauchen:
Frischhaltefolie

1 Die Knoblauchzehen mit Thymian, Rosmarin, Pfefferkörnern und Olivenöl im Mörser zu einer Paste verarbeiten.

2 Die Lammfilets salzen, dann gut mit der Knoblauchpaste einstreichen, in ein Gefäß legen, mit Folie verschließen und für mindestens 2 Stunden kühl stellen.

3 Danach die Lammfilets restlos von der Paste befreien und auf dem gut vorgeheizten Grill beidseitig ca. 2 Minuten rosa braten.

Tipp!

Wenn Sie das Fleisch einschneiden, kann die Marinade vollständig eindringen. Dadurch werden die Filets gleichmäßig gar.

Gemüse
& Salate

Schon einmal Gemüse gegrillt?

Vorbei die Zeiten, da nur Fleisch-Tiger beim Grillen auf ihre Kosten kamen und Gemüseliebhaber mit Folienkartoffeln, Kukuruz und eventuell noch Tomaten vorlieb nehmen mussten. Denn nichts ist auf dem Grill rascher und in größerer Vielfalt zuzubereiten als Gemüse, das noch dazu eine gesunde Alternative zu fetten Würsteln oder zu Speck darstellt. Und aufgrund der kurzen Grillzeit ist der Vitaminverlust äußerst gering.

Doch nicht jedes Grünzeug eignet sich für die heiße Glut, ich denke da an Gurke oder Karotte.

Abwechslung bringen vor allem südliche Gemüsesorten, etwa Zucchini, Melanzani und Fenchel – sie entfalten durch die hohe Hitzeeinwirkung ein einzigartiges Aroma. Probieren Sie doch einmal Folgendes: Aromatisieren Sie das Gemüse vor dem Servieren mit gutem Balsamico-Essig – das rundet den natürlichen Geschmack ab.

Eine raffinierte Sache sind gegrillte Pilze, z. B. Champignonköpfe oder Steinpilze. Am besten belässt man sie ungewürzt – größere Exemplare eventuell der Länge nach in Scheiben schneiden –, so schmecken sie besonders fein.

Aber auch Paprika – speziell die roten – und Pfefferoni schmecken gegrillt köstlich. Delikat werden feste Fleischtomaten, quer halbiert und nach dem Grillen nur mit Salz bestreut. Gemüse sollte man immer erst nach dem Grillen mit einer Öl-Kräuter-Marinade bestreichen – und das nur sehr sparsam.

Probieren Sie einmal, das Gemüse nicht nur auf dem Rost oder auf Spießen zu grillen, sondern, wie Folienkartoffeln eingewickelt, in der heißen Glut garen zu lassen –

dabei geht am wenigsten Geschmack verloren. In jedem Fall gilt: Gemüse immer erst nach dem Grillen mit Salz und Pfeffer würzen!

Wenn Sie Salat und Gemüse nicht gleich verwenden, sollten Sie bei der Lagerung folgende Faustregel beachten: Je höher der Wassergehalt, desto geringer die Lagerfähigkeit.

Außerdem verlieren Salat und Gemüse durch Wasserverdunstung auch an Vitamin- und

Eiweißgehalt.

Wickeln Sie Salat locker in ein feuchtes Tuch und bewahren Sie ihn dann am besten im Gemüsefach auf.

Bei der Herstellung von Salatdressings oder einer Vinaigrette sollten Sie das Salz immer erst in Essig auflösen und erst dann das Öl einrühren. Denn Salz löst sich in Öl nicht auf und bleibt am Boden der Schüssel liegen. Trauen Sie sich ruhig, großzügig Öl zu verwenden. Die meisten geschmacklosen Salate kranken daran, dass sie zu wenig Öl enthalten. Benutzen Sie aber stets hochqualitative Öle, wie Traubenkern-, Oliven, Distel- oder Sonnenblumenöl.

Obst ist nicht nur zur Dekoration da! Obstsorten mit festem Fruchtfleisch, wie Äpfel, Birnen, Ananas, Pfirsiche und Marillen, kann man in Stücke schneiden und zwischen Fleisch- und Gemüsestücke spießen. Das Resultat ist eine fruchtigherbe Gaumenfreude!

Haben Sie schon einmal Bananen gegrillt? Nichts einfacher als das: Bananen in der Schale grillen, bis diese schwarz wird – das Innere schmeckt dann intensiv aromatisch und süß. Aber auch kräftig mariniertes Obst – etwa mit Curry oder Cognac zubereitet – bringt Abwechslung in den Grillgenuss.

Gegrillte Maiskolben

ZUTATEN FÜR 4 PERSONEN

4 junge Maiskolben
2 EL geklärte Butter
Salz, Pfeffer
Zitronenspalten zum Garnieren

Was Sie sonst noch brauchen:
Küchenkrepp

1 Die Maiskolben putzen und in ungesalzenem Wasser ca. 2 Minuten kochen. Danach unter fließendem kaltem Wasser abschrecken und mit Küchenkrepp trockentupfen.

2 Die Kolben rundum mit geklärter Butter beträufeln und auf den heißen Grill legen. Da sie gleichmäßig goldbraun werden sollen, muss man sie immer wieder ein Stückchen drehen (Handschuhe!).

3 Die Maiskolben erst nach dem Grillen salzen und pfeffern und mit Zitronenspalten servieren.

Tipp!

Junge Maiskolben erkennt man daran, dass die Körner noch fast weiß sind. Nur dann sind sie zart, saftig und weich.

Gemüse vom Grill

Gegrillte Tomaten

Zutaten für 4 Personen

4 große Tomaten
2 EL kaltgepresstes Olivenöl
3 Knoblauchzehen, geschält
3–4 Basilikumblätter
Salz, Pfeffer

Was Sie sonst noch brauchen:
Grilltasse

1 Die Tomaten halbieren und den Stängelansatz herausschneiden.

2 Aus Olivenöl, den Knoblauchzehen, den Basilikumblättern sowie Salz und Pfeffer in der Küchenmaschine (oder in einem Mörser) eine Paste bereiten.

3 Die Tomatenhälften mit der Gewürzpaste bestreichen, auf eine Grilltasse setzen und auf beiden Seiten ca. 3 Minuten vorsichtig grillen.

Tipp!

Ergänzend dazu reiche ich gerne Schafkäse-Oliven-Sauce (siehe S. 149)

Gegrillte Paprika

1 Die Paprika halbieren, entkernen und auf einer Grilltasse so lange braten, bis sich die Haut zu lösen beginnt (ca. 10 Minuten).

2 Danach die Paprikahälften in mundgerechte Stücke schneiden.

3 Aus Balsamico-Essig, Olivenöl und gehackten Knoblauchzehen eine Marinade herstellen und diese ein Mal kurz aufkochen lassen.

4 Die Paprikastückchen salzen und pfeffern und mit der Marinade beträufeln.

ZUTATEN FÜR 4 PERSONEN

4 rote, gelbe oder orange Paprika
3 EL Balsamico-Essig
5 EL kaltgepresstes Olivenöl
3 Knoblauchzehen, geschält
Salz, Pfeffer

Was Sie sonst noch brauchen:
Grilltasse

Tipp!

Die Paprika kann man auch schon am Vortag rösten und dann die Haut abziehen. Das erspart Zeit. Am nächsten Tag können die Paprikahälften dann nochmals kurz auf den Grill gelegt werden oder auch kalt (Zimmertemperatur!) serviert werden.

Gegrillte rote Zwiebeln

Zutaten für 4 Personen

2 große rote Zwiebeln
1 EL Balsamico-Essig
2 EL kaltgepresstes Olivenöl
Salz, Pfeffer

1 Die Zwiebeln schälen und in 1 1/2 cm dicke Ringe schneiden.

2 Aus Balsamico-Essig, Olivenöl, Salz und Pfeffer eine Marinade bereiten.
Die Zwiebelringe in ein Gefäß legen, mit der Marinade übergießen, mit Folie zudecken und das Ganze etwa 30 Minuten durchziehen lassen.

3 Die Zwiebeln aus der Marinade heben, auf eine Grilltasse legen und auf beiden Seiten ca. 5 Minuten grillen.
Die gegrillten Zwiebelringe vor dem Servieren noch mit etwas Marinade beträufeln.

Tipp!

Reichen Sie zu den gegrillten Zwiebeln eine Sauce aïoli (siehe S. 147) und frisches Baguettes. Einfach köstlich!

Gegrillte Zucchini

Zutaten für 4 Personen

500 g Zucchini
3–4 Knoblauchzehen, geschält
2 EL sonnengetrocknete Tomaten
3 EL Balsamico-Essig
5 EL kaltgepresstes Olivenöl
Salz, Pfeffer
1 EL Mehl

Was Sie sonst noch brauchen:
Grilltasse

1. Die Zucchini waschen und schräg in 1/2 cm dicke Scheiben schneiden.

2. Den Knoblauch und die sonnengetrockneten Tomaten fein hacken und mit Balsamico-Essig, Olivenöl, Salz und Pfeffer zu einer Marinade vermischen.

3. Die Zucchinischeiben salzen und pfeffern, danach leicht in Mehl wenden und auf einer Grilltasse rasch beidseitig braten.

4. Die gegrillten Zucchinischeiben vor dem Servieren mit der Marinade beträufeln.

Tipp!

Die gegrillten Zucchinischeiben reicht man am besten mit Joghurt-Schnittlauch-Sauce oder Schafskäse-Oliven-Sauce. Die Rezepte finden Sie auf den Seiten 147 und 149)

Gegrillte Melanzani

1 Die Melanzani der Länge nach in 1/2 cm dicke Scheiben schneiden. Diese auf Küchenkrepp legen, mit zerdrücktem Knoblauch und Salz einreiben. Dadurch lassen sie Flüssigkeit und saugen weniger Öl auf.

2 Die leicht entwässerten Melanzani mit Küchenkrepp trockentupfen. Danach mit Olivenöl bepinseln, mit Thymian bestreuen und salzen.

3 Das Gemüse auf eine Grilltasse legen und vorsichtig auf beiden Seiten ca. 3 Minuten goldbraun braten.
Die Melanzanischeiben vor dem Servieren nochmals salzen und pfeffern.

Zutaten für 4 Personen

2 Melanzani
3–4 Knoblauchzehen, geschält
Salz
100 ml kaltgepresstes Olivenöl
1 EL Thymian, gerebelt
weißer Pfeffer

Was Sie sonst noch brauchen:
Küchenkrepp
Grilltasse

Tipp!

Roh sollte man Melanzani nicht essen. Ihr Aroma entfaltet sich vor allem beim Braten und Grillen. Damit sich nach dem Aufschneiden das Fruchtfleisch nicht so schnell verfärbt, beträufeln Sie es ein wenig mit Zitronensaft.

Gemischtes Grillgemüse

ZUTATEN FÜR 4 PERSONEN

250 g Zucchini
12 Stück grüner Spargel
8 Artischockenherzen, gekocht
je 1 roter, gelber und grüner Paprika, entkernt
Salz, Pfeffer
1 Bund Thymian, Blätter abgerebelt
2 Knoblauchzehen, geschält und quer halbiert
8 EL kaltgepresstes Olivenöl
5 EL milder Balsamico-Essig

Was Sie sonst noch brauchen:
großer, tiefer Teller
Frischhaltefolie

1 Das Backblech mit wenig Olivenöl einölen.
Die Zucchini in 5 mm dicke Scheiben schneiden, den Spargel ganz lassen, die Artischockenherzen halbieren und die Paprika in Viertel schneiden. Die Gemüse abwechselnd auf ein leicht geöltes Backblech legen, salzen, pfeffern, mit Thymian bestreuen und die halbierten Knoblauchzehen darauf verteilen.

2 Die Gemüse mit Olivenöl beträufeln und im Backrohr bei maximaler Oberhitze etwa 6 Minuten grillen – sie sollen dann leicht angebräunt, aber noch knackig sein.

3 Das Grillgemüse auf einen großen, tiefen Teller legen, mit Folie bedecken und kühl stellen. Am nächsten Tag den ausgetretenen Gemüsesaft in eine Schüssel abgießen und beiseite stellen.

4 Vor dem Anrichten das Gemüse nochmals kurz ins auf 180 °C vorgeheizte Rohr geben, mit dem Gemüsesaft und dem Balsamico-Essig marinieren – wenn nötig mit Salz und Pfeffer nachwürzen.

Tipp!

Diese vegetarische Spezialität schmeckt sowohl zu gegrilltem Fisch und Fleisch wie auch als eigenständiges Gericht hervorragend!

Italienische Grillkartoffeln

12 mittelgroße festkochende Kartoffeln
Salz
kaltgepresstes Olivenöl
3 Rosmarinzweige, Nadeln abgerebelt und fein gehackt

Was Sie sonst noch brauchen:
Grilltasse

1 Die Kartoffeln schälen, in ca. 2 cm große Würfel schneiden und auf der Grilltasse verteilen.

2 Das Ganze salzen, mit etwas Olivenöl beträufeln, Rosmarin darüber streuen und alles kurz durchmischen.

3 Die Kartoffelwürfel unter mehrmaligem Wenden auf starker Hitze grillen, bis sie knusprig sind.

Tipp!

Sie können das Ganze auch im Backrohr (180–200 °C) zubereiten. Besonders knusprig werden die italienischen „Ofenkartoffeln", wenn Sie das Backrohr in den letzten 10 Minuten auf Umluft schalten.

Gegrillter Fenchel

Zutaten für 4 Personen

4 mittelgroße Fenchelknollen
1/2 TL Safranfäden
40 ml Wasser
10 ml Weißwein
40 ml Pernod
Salz, weißer Pfeffer
kalte Butterflöckchen zum Bestreuen

Was Sie sonst noch brauchen:
Küchenkrepp
Grilltasse

1 Den Fenchel putzen und in Spalten schneiden.

2 Die Safranfäden in Wasser, Weißwein und Pernod kurz aufkochen, dann den Fenchel beifügen und kernig garen.

3 Den gekochten Fenchel auf Küchenkrepp auskühlen lassen, danach salzen, pfeffern und anschließend auf einer Grilltasse kurz überbraten. Vor dem Servieren den Fenchel mit kalten Butterflöckchen bestreuen.

Tipp!

Eine frische Fenchelknolle ist idealerweise fest, hell und ohne Druckstellen. Braune Flecken auf der Knolle oder am Strunk sind Beschädigungen, die auf längere Lagerung hinweisen.

Überbackene Kartoffeln mit Tomaten-Paprika-Sauce

1 Die Kartoffeln sehr gut waschen und in Salzwasser ca. 30 Minuten kochen.

2 Für die Sauce die Paprikahälften in ca. 1 cm große Würfel schneiden. In einem Topf Olivenöl und Butter erhitzen, den Knoblauch darin anschwitzen, die Paprikastücke beifügen und mitschwitzen lassen. Das Ganze mit den passierten Tomaten auffüllen, Zucker und Thymian dazugeben und alles einige Minuten leicht köcheln lassen.

3 Die geriebenen Käse mit Dottern, Obers, Bröseln, Petersilie und Knoblauch vermischen.

4 Die gekochten Kartoffeln der Länge nach halbieren, mit der Schnittfläche nach oben aufs Backblech legen, die Käsemasse darüber verteilen und das Ganze im vorgeheizten Rohr bei 220 °C etwa 15 Minuten überbacken bis sich eine schöne braune Kruste gebildet hat.

5 Die überbackenen Kartoffeln mit der Tomaten-Paprika-Sauce servieren.

Zutaten für 4 Personen

8 gleich große mehlige Kartoffeln
100 g Gouda, gerieben
100 g Emmentaler, gerieben
2 Dotter
2 EL Obers
1 EL Semmelbrösel
1 EL Petersilie, gehackt
2 Knoblauchzehen, geschält und zerdrückt

Für die Sauce:
je 1/2 roter und gelber Paprika, entkernt
1 EL kaltgepresstes Olivenöl
1 TL Butter
2 Knoblauchzehen, geschält, klein geschnitten
1/8 l passierte Tomaten
1 TL Zucker
1 Thymianzweig, Blätter abgerebelt
Salz, Pfeffer

Tipp!

Grillen assoziiert man für gewöhnlich mit Festen im Freien. Dank der modernen Küchenherde hat diese kommunikative Art der Essenszubereitung das ganze Jahr über Saison.

Gegrillte Kartoffelspieße

Zutaten für 4 Personen

750 g kleine speckige Kartoffeln
150 ml kaltgepresstes Olivenöl
2 EL Rosmarin, Nadeln abgerebelt und fein gehackt
Salz, Pfeffer

Was Sie sonst noch brauchen:
Holzspieße, in Wasser eingeweicht

1. Die Kartoffeln gut waschen und in Salzwasser weich kochen, danach überkühlen lassen und anschließend halbieren.

2. Inzwischen das Olivenöl mit Rosmarin, Salz und Pfeffer vermischen.

3. Die halbierten Kartoffeln der Länge nach auf Holzspieße stecken, mit dem Rosmarin-Öl-Gemisch bestreichen und auf jeder Seite 5 Minuten grillen.

4. Die Spieße vom Grill nehmen und vor dem Servieren mit dem nochmals durchgemischten Rosmarinöl überpinseln!

Tipp!

Die Kartoffeln können Sie bereits am Vortag kochen und erst am nächsten Tag – ca. 2 Stunden vor dem Grillen – halbieren. Das erspart Ihnen Zeit.

Tofu-Reislaibchen mit Soja-Dip

Zutaten für 4 Personen

200 g geräucherter Tofu
4 EL Wurzelgemüse (Karotten, Sellerie, Lauch), feinwürfelig geschnitten
300 g Naturreis, gekocht
70 g Haferflocken
2 Eier
3 EL Weißbrotbrösel
1 TL Ingwer, frisch gerieben
3–4 EL Obers
3 EL Sojasauce
etwas Zitronensaft
Salz, Pfeffer

Für den Dip:
4 EL Sojasauce
4 EL Sauerrahm
etwas Zitronensaft
1 EL schwarze Sesamkörner
Salz, Pfeffer
1 EL geschlagenes Obers

1 Den Tofu in 1/2 cm große Würfel schneiden. Die Gemüsewürfelchen kurz blanchieren und danach abseihen.

2 Für die Laibchenmasse Tofu, Reis, Gemüse, Haferflocken, Eier, Weißbrotbrösel und Ingwer miteinander vermischen. Die Ganze mit Obers, Sojasauce und Zitronensaft durchfeuchten und mit Salz und Pfeffer würzen.
Die Masse etwa 10 Minuten ruhen lassen – sollte sie dann zu trocken sein, noch etwas Obers hinzufügen. Ist sie hingegen zu flüssig, einfach noch einen Löffel Weißbrotbrösel darunter mischen.

3 Aus der Masse ca. 2 cm dicke Laibchen formen, diese mit etwas Pflanzenöl bepinseln und auf beiden Seiten grillen.

4 Für den Dip Sojasauce, Sauerrahm, Zitronensaft und Sesam miteinander verrühren, mit Salz und Pfeffer abschmecken und zuletzt das geschlagene Obers unterheben.

Tipp!

Tofu ist äußerst fettarm, enthält mehrfach gesättigte Fettsäuren und viele Mineralstoffe (Eisen, Magnesium und Kalium) und Vitamine (B und E).
Tofu schmeckt im Grunde sehr neutral. Wenn Sie zu große Tofuwürfel schneiden, nimmt er nur zögerlich andere Aromen an. Also immer in kleine Stücke schneiden.

Der Burger ohne Fleisch

Zutaten für 4 Personen

4 fertige Weizenburgerlaibchen
1/4 l Sauerrahm
Saft von 1 Zitrone
1 Bund Schnittlauch, fein gehackt
1 roter Paprika, entkernt und feinwürfelig geschnitten
1 Msp. Sambal Oelek
Salz
2 Bund Radieschen
2 Hand voll Rucola
4 Burgerbrötchen

1. Für die Marinade Sauerrahm, Zitronensaft, Schnittlauch, Paprika und Sambal Oelek gut miteinander verrühren und mit Salz abschmecken.

2. Die Radieschen von den Blättern befreien, kurz heiß abwaschen, dann kalt abspülen und dünnblättrig schneiden. Den Rucola waschen und grob schneiden.

3. Die Burgerbrötchen quer halbieren, mit der Schnittfläche nach unten auf den Grill legen, die Weizenburgerlaibchen dazulegen und alles grillen.

4. Jeweils die untere Brötchenhälfte mit Sauce bestreichen und mit Rucola bestreuen. Ein Burgerlaibchen darauf setzen, ebenfalls mit Sauce bestreichen, mit Radieschenscheiben belegen und mit der oberen Brötchenhälfte bedecken.

Die Currywurst

Zutaten für 4 Personen

4 fleischlose Currywürste
1 reife Mango
2 EL Ketchup
1 TL Worcestersauce
1 TL Ingwer, gerieben
1 Prise Cayennepfeffer
Salz
1 EL Currypulver im Streuer

1. Die Currywürste auf eine mittelheiße Stelle des Grills legen und unter mehrmaligem Wenden braten.

2. Für die Sauce die Mango schälen und den Kern herauslösen. Die Hälfte des Fruchtfleischs feinwürfelig schneiden, den Rest mit Hilfe des Handmixers zu Mus pürieren.
Das Mangomus mit Ketchup, Worcestersauce, Ingwer und Pfeffer verrühren und leicht salzen.
Zuletzt die Mangowürfel unter die Sauce rühren.

3. Die gegrillten Currywürste jeweils quer in mundgerechte Scheiben schneiden, auf Teller legen und die Sauce darüber gießen.
Zuletzt mit etwas Currypulver bestreuen.

Vinaigrette 1

3–4 EL Sherry-Essig
Saft von 1/2 Zitrone
Salz
8 EL Öl
2 kleine Tomaten, blanchiert, geschält, entkernt und kleinwürfelig geschnitten
je 1 gelber, roter und grüner Paprika, entkernt und kleinwürfelig geschnitten
2 Jungzwiebeln, klein geschnitten
2 EL Petersilie, fein gehackt
1 EL Schnittlauch, klein geschnitten
1 EL Estragon, klein gehackt
weißer Pfeffer
1 Prise Zucker

Den Sherry-Essig mit dem Zitronensaft verrühren, etwas Salz darin auflösen und erst dann das Öl beifügen. Die Tomaten-, Paprika- und Zwiebelwürfelchen mit dieser Marinade sorgfältig vermischen und die Kräuter beimengen. Zuletzt das Ganze mit Salz, Pfeffer und einer Prise Zucker abschmecken.

Tipp!

Beim Rühren einer Vinaigrette ist es wichtig, das Salz erst in Essig bzw. Zitronensaft aufzulösen und erst dann das Öl einzurühren. Salz löst sich nämlich in Öl nicht auf und bleibt am Boden der Salatschüssel liegen.

Vinaigrette 2

1 EL Sherry-Essig
2 EL Balsamico-Essig
Saft von 1/2 Zitrone
Salz
2 EL kaltgepresstes Olivenöl
2 EL Traubenkernöl
1 EL Petersilie, fein gehackt
Pfeffer

Vinaigrette 3

3 EL Sherry-Essig
Salz
5 EL Traubenkernöl
1 kleine Schalotte, fein gehackt
1/2 roter Paprika, entkernt, kleinwürfelig geschnitten
1 TL Petersilie, gehackt
Pfeffer

Vinaigrette 4

1 Dotter
1 TL scharfer Senf
1/8 l Traubenkernöl oder Maiskeimöl
5 EL Estragonessig
1 Spritzer Worcestersauce
Salz, Pfeffer

Den Dotter mit Senf verrühren, dann – wie bei der Herstellung einer Mayonnaise – vorsichtig nach und nach das Öl einrühren. Anschließend Essig und Worcestersauce unterrühren und die Vinaigrette mit Salz und Pfeffer abschmecken.

Rahm-Gurken-Salat

2 Salatgurken
Salz
1/4 l Sauerrahm
2–3 EL weißer Weinessig
Saft von 1/2 Zitrone
2 EL geschlagenes Obers
1/2 Bund Dille, gehackt
weißer Pfeffer aus der Mühle
2 Knoblauchzehen, geschält

1 Die Salatgurken schälen, halbieren und die Kerne mit Hilfe eines Löffels ausschaben. Dann die Gurken blättrig schneiden, gut einsalzen und ca. 15 Minuten stehen lassen.

2 Die Gurkenscheiben ausdrücken und mit Sauerrahm, Essig, Zitrone und geschlagenem Obers vermischen, Dille beigeben und das Ganze mit Salz und Pfeffer abschmecken. Zuletzt die Knoblauchzehen dazupressen und alles nochmals gut durchmischen.

Tipp!

Man sollte den Salat leicht „überwürzt" abschmecken, da die Gurken danach immer noch Wasser absondern.

Kartoffelsalat

500 g festkochende Kartoffeln (z. B. Kipfler)
200 ml Rindsuppe
1 EL Estragonsenf
3 EL Hesperidenessig
1 TL Staubzucker
5 EL Sonnenblumenöl
Salz
weißer Pfeffer
2 rote Zwiebeln, geschält und feinwürfelig geschnitten

1 Die Kartoffeln waschen und in der Schale weich kochen; danach ausdämpfen lassen, schälen und in dünne Scheiben schneiden.

2 Aus warmer Rindsuppe, Senf, Essig, Staubzucker und Öl eine Marinade rühren. Diese mit Salz und Pfeffer abschmecken.

3 Die Zwiebeln mit den Kartoffeln vermengen, die Marinade darüber gießen und den Salat vorsichtig durchmischen.

Tipp!

Ich persönlich esse den Kartoffelsalat gern sehr süß, so wie er hauptsächlich in Wien, Niederösterreich und im Burgenland zubereitet wird. Also: Keine Angst vor dem Zuckern!

Krautsalat

1 kleiner Weißkrautkopf
100 g Hamburgerspeck, feinwürfelig geschnitten
1 TL Kümmel, gemahlen
Weißweinessig
Wasser
Pflanzenöl
1 Prise Staubzucker
Salz, Pfeffer

1 Den Krautkopf halbieren, den Strunk herausschneiden, dann mit der Maschine oder einem Messer feinnudelig schneiden.

2 Das Kraut in eine Schüssel geben, einsalzen und 15 Minuten stehen lassen. Danach das Ganze mit der Hand gut durchkneten, damit möglichst viel Krautsaft entweichen kann.

3 In einer Pfanne (ohne Öl!) den Hamburgerspeck anrösten und dann zum Kraut geben.

4 Zuletzt den Salat mit Kümmel, Essig – mit etwas Wasser verdünnt –, Öl, Zucker, Salz und Pfeffer würzen und nochmals gut durchmischen.

Tipp!

Wenn Sie den Salat gut durchkneten, brechen die kleinsten Zellen im Kraut auf, der Saft tritt aus und dadurch ergibt sich der herzhafte Eigengeschmack.

Nudelsalat

200 g Nudeln (z. B. Fusilli, Farfalle, Spaghetti)
100 g Beinschinken
1 Karotte, geputzt
1 Gelbe Rübe, geputzt
1/4 Sellerieknolle, geputzt
1 Selleriestange, geputzt
100 g Essiggurkerln, gehackt
3 Eier, hart gekocht
200 g Mayonnaise
150 g Sauerrahm
Salz, weißer Pfeffer
50 g Erbsen, gekocht

1 Die Nudeln in reichlich Salzwasser bissfest (al dente) kochen und danach abseihen.

2 Den Beinschinken, die Karotte, die Gelbe Rübe und die Sellerieknolle kleinwürfelig schneiden und bissfest blanchieren. Die Selleriestange fein schneiden, die Gurkerln und die Eier klein hacken.

3 Die Mayonnaise mit dem Sauerrahm glatt rühren, mit Salz und Pfeffer würzen und mit den Erbsen und allen anderen Zutaten unter die ausgekühlten Nudeln mischen.

Olivenbrot

1 Die Germ in etwas lauwarmem Wasser auflösen und mit Salz, Zucker und Olivenöl verrühren. Das Ganze mit dem Mehl vermischen.

2 Den Teig in der Küchenmaschine oder mit dem Handrührgerät ca. 8 Minuten langsam verkneten.

3 Auf einer bemehlten Arbeitsfläche die grob gehackten Oliven in den Teig einarbeiten und diesen ca. 30 Minuten rasten lassen.

4 Danach den Teig halbieren, nochmals verkneten und zu zwei Wecken formen.
Diese weitere 30 Minuten rasten lassen. In der Zwischenzeit das Backrohr auf ca. 210 °C vorheizen.

5 Die Olivenbrotwecken ins Rohr schieben und ca. 30 Minuten backen.

20 g Germ
550 g Wasser
40 g Salz
5 g Zucker
12 g kaltgepresstes Olivenöl
1 kg Mehl
1 Hand voll schwarze Oliven, entkernt und grob gehackt
etwas Mehl für die Arbeitsfläche

Tipp!

Wenn Sie mehrere kleine Olivenweckerln machen wollen: Die Verarbeitung bleibt gleich, nur die Backzeit beträgt dann nur ca. 15 Minuten bei 250 °C.

Saucen

Chutneys & Pickles

Das Tüpfelchen auf dem i

Würzige Saucen, Eingelegtes und Chutneys dürfen beim Grillen nicht fehlen. Sie runden das Ganze perfekt ab und sorgen für vollendeten Genuss.

Schon als Vorspeise reiche ich gerne Blatt- und Gemüsesalate – das hilft nicht nur, gewisse Wartezeiten gut zu überbrücken, es bringt auch viele Vitamine. Blattsalat kommt unmariniert aufs Buffet, Dressings und andere Zutaten werden daneben platziert. So bleibt der Salat knackig, und jeder Gast kann sich seine Lieblingsmarinade basteln.

Bei den Saucen greife ich gern in die klassische Rezeptkiste und hole so Vertrautes wie Mayonnaise-Rahm-Saucen heraus.

Sie werden ernährungsphysiologisch „gesünder", wenn man die halbe Menge der Mayonnaise durch Joghurt oder Sauerrahm ersetzt.

Wer Kräuter aus dem eigenen Garten hat, verwöhnt seine Gäste mit köstlich-frischem Pesto – es ist schnell zubereitet, gesund und schmackhaft und passt vorzüglich zu Fisch und hellem Fleisch.

Mit diesem Pesto veredle ich auch gern gegrillte Baguettes: Die Brotstangen in gleichmäßigen Abständen einschneiden, Pesto

in die Einschnitte streichen und die Baguettes dann grillen – köstlich!
Ein Grundbestandteil vieler Saucen sind frische Eier. Beachten Sie daher bitte Folgendes: Es gibt drei einfache Methoden, um zu überprüfen, ob ein Ei frisch ist.

Der **Schwimm-Test:** Legen Sie die Eier in eine Schüssel mit Wasser. Frische Eier gehen unter, ältere stellen sich auf und steigen an die Oberfläche.
Der Grund: Die in der Schale eingeschlossene Luftkammer ist bei älteren Eiern viel größer.

Der **Aufschlag-Test:** Bei frischen Eiern sind Dotter und Eiweiß hoch gewölbt. Alte Eier haben einen flachen Dotter, das Eiweiß fließt auseinander.

Der **Koch-Test:** Auch nach dem Kochen kann man ältere Eier an ihrer viel größeren Luftkammer identifizieren.
Eier sollten übrigens nicht länger als 4 Wochen im Kühlschrank gelagert werden.

Kalorienarme Mayonnaise

2 Dotter
1 TL Dijonsenf
1 TL Weißweinessig oder Saft von 1/2 Zitrone
150 g 10%iger Topfen
Salz
weißer Pfeffer aus der Mühle

Die Dotter mit dem Senf und dem Weißweinessig (oder Zitronensaft) mit Hilfe des Handmixers gut verrühren.
Den Magertopfen beifügen, die Masse einige Minuten aufschlagen und zuletzt mit Salz und Pfeffer abschmecken.

Mayonnaise

2 Dotter
1 TL Dijonsenf
1 EL Essiggurkerlwasser
Saft von 1 Zitrone
Salz
weißer Pfeffer
1 Prise Cayennepfeffer
150 ml Sonnenblumenöl
150 ml kaltgepresstes Olivenöl

Alle Zutaten sollten Zimmertemperatur haben! Die Dotter, den Dijonsenf, das Essiggurkerlwasser und den Zitronensaft in der Küchenmaschine gut miteinander vermixen. Danach das Salz und beide Pfefferarten beifügen und unter ständigem Rühren das Öl tropfenweise einlaufen lassen.

Der Klassiker Sauce tatare

200 g Mayonnaise
4 EL Sauerrahm
3–4 kleine Essiggurkerln, fein gehackt
2–3 Eier, hart gekocht und fein gehackt
1 EL kleine Kapern, fein gehackt
2 EL Schnittlauch, klein geschnitten
Salz
Saft von 1 Zitrone
weißer Pfeffer

In einer Schüssel die Mayonnaise mit dem Sauerrahm glatt rühren und mit den fein gehackten und ausgedrückten Essiggurkerln, den Eiern und den Kapern vermischen. Wenn nötig, die Sauce mit etwas Essiggurkerlwasser verdünnen.
Zuletzt den Schnittlauch untermengen und die Sauce tatare mit Salz, Zitronensaft und weißem Pfeffer abschmecken.

Tipp!

Sollte die Mayonnaise zu fest werden, kann man sie mit etwas Essiggurkerlwasser verdünnen (vorsichtig einrühren!).

Sauce aïoli

150 g Kartoffeln, gekocht, geschält
die Dotter von 3 hart gekochten Eiern
6–8 Knoblauchzehen, geschält und gerieben
2 Dotter
Salz
200 ml kaltgepresstes Olivenöl oder Pflanzenöl
1/2 TL Safranfäden, in 3 EL kochendes Wasser eingelegt
Cayennepfeffer
Saft von 1/2 Zitrone

Die lauwarmen Kartoffeln und die hart gekochten Dotter durch ein Sieb streichen, danach mit dem Knoblauch, den rohen Dottern und dem Salz in einem Mörser zerreiben oder mit dem Handmixer glatt verrühren.
Anschließend die Hälfte des Öls zuerst tropfenweise, dann in einem feinen Strahl zugießen.
Danach den eingeweichten Safran mitsamt der Flüssigkeit unterrühren und das restliche Öl einarbeiten, sodass eine glatte, cremige Masse entsteht.
Die Sauce aïoli mit Salz, Cayennepfeffer und Zitronensaft abschmecken.

Apfelmus-Sauce

4–5 säuerliche Äpfel (Boskop, geschält)
Saft von 1 Zitrone
100 ml Apfelsaft
100 ml Weißwein
1 Zimtstange
3–4 EL brauner Zucker

Die Kerngehäuse der Äpfel ausstechen und die Äpfel klein würfelig schneiden. Die Würfelchen mit Zitronensaft, Apfelsaft, Wein, Zimtstange und Zucker so lange einkochen lassen, bis fast keine Flüssigkeit mehr vorhanden ist. Danach die Zimtstange herausnehmen!
Die Apfelmasse in der Küchenmaschine oder mit dem Handmixer zu einem Mus verarbeiten und zuletzt durch ein feines Sieb streichen.

Joghurt-Schnittlauch-Sauce

100 ml Joghurt
100 ml Sauerrahm
Saft von 1 Zitrone
1 Spritzer Worcestersauce
Salz, weißer Pfeffer
3 Bund Schnittlauch, fein geschnitten

Das Joghurt mit Sauerrahm glatt rühren und mit Zitronensaft, Worcestersauce, Salz und weißem Pfeffer abschmecken. Zuletzt den Schnittlauch untermengen.

Senf-Essig-gurkerl-Sauce

1 TL Senfkörner
3 EL Mayonnaise
1 EL Joghurt
1 EL Estragonsenf
1 TL Honig
Saft von 1/2 Zitrone
1 EL Petersilie oder Estragon, gehackt
3 Essiggurkerln, grob gerieben
1 EL geschlagenes Obers
Salz, Pfeffer

Die Senfkörner in etwas Wasser ca. 5 Minuten kochen und danach abseihen.
Die Mayonnaise mit Joghurt glatt rühren und Senf, Honig, Zitronensaft, Petersilie (oder Estragon) und Essiggurkerln beimengen.
Zuletzt das geschlagene Obers unterheben und die Sauce mit Salz und Pfeffer würzen.

Senf-Dill-Sauce

1 EL Dijonsenf
4 EL Honig
100 g Sauerrahm
Saft von 1/2 Zitrone
Salz, weißer Pfeffer
4 EL Dille, gehackt

Den Dijonsenf mit Honig und Sauerrahm in einer Schüssel glatt rühren, danach den Zitronensaft vorsichtig dazugießen und die Sauce mit Salz und Pfeffer abschmecken.
Zuletzt die gehackte Dille untermischen.

Barbecue-Sauce

Mayonnaise (siehe Rezept auf S. 146)
1 mittelgroße Zwiebel, geschält
je 1 roter und grüner Paprika
1 Ölpfefferoni oder 1/2 Chilischote
2 EL scharfes Ketchup
2 EL Honig
Saft von 1/2 Zitrone
20 ml Weinbrand
Salz
Cayennepfeffer
2 EL Schnittlauch, fein geschnitten

Die Zwiebel kleinwürfelig schneiden und mit heißem Wasser abschwemmen.
Die Paprika entkernen und ebenfalls kleinwürfelig schneiden.
Den Pfefferoni (oder die Chilischote) entkernen und fein hacken.
Die Mayonnaise mit Ketchup, Honig, Zitronensaft und Weinbrand glatt rühren.
Danach Zwiebel, Pfefferoni (oder Chili) und Paprika untermengen, mit Salz und Cayennepfeffer abschmecken und mit Schnittlauch vollenden.

Schafkäse-Oliven-Sauce

100 g milder Schafkäse
1/8 l Obers
1 EL Perlzwiebeln, gehackt
1 EL schwarze Oliven, entkernt und gehackt
1 Bund Schnittlauch, fein geschnitten
Saft von 1/2 Zitrone
weißer Pfeffer

Den Schafkäse durch ein feines Sieb streichen und mit dem Obers verrühren.
Die Perlzwiebeln, die Oliven, den Schnittlauch sowie den Zitronensaft zu der Schafkäsemasse rühren und die Sauce mit Pfeffer würzen.

Tipp!

Diese schmackhafte Sauce kann man noch mit 3 EL Sherry verfeinern! Sie schmeckt exzellent als Dip, eignet sich aber auch wunderbar zum Marinieren von Bittersalaten – wie Radicchio, Chicorée und Rucola!

Zwiebelsenf

3 mittelgroße weiße Zwiebeln, geschält und gehackt
2 EL Estragonsenf
1 EL Dijonsenf
1 EL Senfkörner (5 Min. in Wasser gekocht)
1 TL Honig
3 EL Sauerrahm
1 TL Worcestersauce
Saft von 1/2 Zitrone
1 EL Estragon, gehackt
Salz, Pfeffer
2 EL geschlagenes Obers

Die gehackten Zwiebeln in ein Sieb geben, erst heiß, dann kalt abschwemmen und auf einem Tuch abtropfen lassen.
Den Estragon- und den Dijonsenf miteinander verrühren, die Senfkörner leicht andrücken und unterrühren. Das Ganze mit Honig, Sauerrahm, Worcestersauce, Zitronensaft, Estragon, Salz und Pfeffer sorgfältig vermischen.
Nun die Zwiebeln beimengen und zuletzt das geschlagene Obers unterheben.

Tipp!

Ich bevorzuge diese etwas edlere Variante! Zwiebelsenf ist als Klassiker zu Grillwurst und Cevapcici bestens bekannt und beliebt. Aber versuchen Sie doch einmal als bekömmliche Abwechslung die fleischlosen Weizenwürste oder den fleischlosen Burger (siehe Seite 134), die mit dieser verfeinerten Variante des Zwiebelsenfs besonders delikat schmecken.

Pesto

10 Knoblauchzehen, geschält
2–3 Bund Basilikum
100 g Pinienkerne
300 ml kaltgepresstes Olivenöl
ca. 50 g Parmesan, frisch gerieben
Salz

Die Knoblauchzehen längs halbieren und den grünen Keim herauslösen. Die Basilikumblätter klein schneiden.
Knoblauch, Basilikum, Salz, Pinienkerne und frisch geriebenen Parmesan im Mörser (oder im Mixer) unter Beigabe von Olivenöl zu einer sämigen Paste verarbeiten. Zuletzt das Pesto mit etwas Salz abschmecken.

Minzsauce

1/4 l Sauerrahm
Saft von 1 Zitrone
Salz, Pfeffer
1 Hand voll Minzblätter, fein gehackt
1 EL Minzgelee (im Supermarkt erhältlich)

Alle Zutaten gut miteinander verrühren.

Tipp!

Ich bevorzuge diese Sauce zu gegrilltem Lamm. Aber auch zu gebratener Hühnerbrust schmeckt sie hervorragend.

Rote-Rüben-Sauce

2 mittelgroße Zwiebeln, geschält
100 ml Öl
100 ml Wasser
100 ml Weißweinessig
2 mittelgroße Rote Rüben
2 Eier
2 Knoblauchzehen, geschält und zerdrückt
8 EL Sauerrahm
2 EL Speisetopfen
Salz
weißer Pfeffer
1 TL Honig
1 EL Dille
1 EL Schnittlauch

Die Zwiebeln in Ringe schneiden und in Öl kurz anschwitzen, mit Wasser löschen, mit Essig aufgießen, das Ganze ca. 5 Minuten köcheln und dann abkühlen lassen.
Die Roten Rüben kochen und danach raspeln.
Die Eier hart kochen und danach klein hacken.
Die Knoblauchzehen zerdrücken.
Alle vorbereiteten Zutaten mit dem Sauerrahm und dem Topfen verrühren.
Diese Masse in der Küchenmaschine oder mit dem Handmixer fein pürieren. Danach durch ein Sieb streichen und das Ganze mit Salz, weißem Pfeffer und Honig abschmecken.
Zuletzt die Dille hacken und den Schnittlauch fein schneiden und unter die Sauce heben.

Currysauce

50 g Apfel
evtl. 50 g Mango
30 g Rosinen
30 g Mandeln
Saft von 1 Zitrone
1 TL Currypulver
Salz, Pfeffer
evtl. Ingwer

Für die Mayonnaise
2 Dotter
1/4 l Öl
1 TL Senf
etwas Worcestersauce
Saft von 1 Zitrone
etwas Wasser oder Schlagobers

Zuerst eine Mayonnaise zubereiten: Die Dotter schaumig rühren und dann nach und nach das Öl einarbeiten. Das Ganze mit Senf, Worcestersauce und Zitronensaft abschmecken.
Die Mayonnaise weiter aufschlagen und mit Wasser (oder Schlagobers) bis zur gewünschten Konsistenz verdünnen.
Die Früchte kleinwürfelig schneiden, die Rosinen und Mandeln hacken, alles in die Mayonnaise einrühren und diese zuletzt mit Zitronensaft und Gewürzen abschmecken.

Tipp!

Die hier angeführte Mayonnaise ist nicht nur eine gute Basis für die Currysauce, sondern auch für viele andere Saucenvarianten.

Sauce hollandaise

1/8 l kaltes Wasser
1/16 l Weißwein
1/2 Lorbeerblatt
5 weiße Pfefferkörner, angedrückt
4 Dotter
250 g geklärte Butter
Salz
Saft von 1/2 Zitrone

Das Wasser mit Weißwein, Lorbeerblatt und Pfefferkörnern so lange köcheln lassen, bis das Ganze auf 3 EL Flüssigkeit einreduziert ist, danach durch ein feines Sieb gießen.
In einem Schneekessel die Dotter mit der Weißweinreduktion verrühren, über Wasserdampf schaumig schlagen und danach vom Wasserbad nehmen.
Die geklärte Butter erwärmen und unter ständigem Rühren mit der Eimasse vermischen, bis das Ganze eine mayonnaiseartige, cremige Konsistenz annimmt.
Zuletzt die Sauce hollandaise mit Salz und Zitronensaft würzen.

Tipp!

Meine Allroundlieblingssauce, in die ich mich „eingraben" könnte!
Nur keine Angst vor der Zubereitung der Sauce! Absolut wichtig ist nur, dass die aufgeschlagene Dottermasse und die Butter beim Einrühren dieselbe Temperatur haben! Sollte die Sauce zu dick sein, geben Sie einfach einige Tropfen lauwarmes Wasser dazu.

Safran-Mousseline

Sauce hollandaise (siehe S. 151)
1 TL Safranfäden
3 EL geschlagenes Obers

Die Safran-Mousseline ist eigentlich nur eine Variante der Sauce hollandaise:
Die Safranfäden in 2 EL Wasser erwärmen und 10 Minuten ziehen lassen, danach unter die Sauce hollandaise rühren und zuletzt das geschlagene Obers unterheben.

Avocado-Dip

2 reife Avocados
1 EL scharfer Senf
125 g Joghurt
125 g QimiQ
Zitronensaft
Tabascosauce
Salz, Pfeffer

Die Avocados halbieren, vom Kern lösen und schälen. Das Fruchtfleisch erst grob zerteilen und dann im Mixer pürieren. Senf, Joghurt, QimiQ, Zitronensaft und Tabascosauce ins Fruchtpüree einrühren, das Ganze kurz durchmixen und mit Salz und Pfeffer abschmecken.

Tipp!

Dieser Dip passt sehr gut als würzige Sauce zu gefüllten Wraps.

Gorgonzola-Dip

100 g Gorgonzola (oder ein anderer Blauschimmelkäse)
125 g QimiQ
250 g Sauerrahm
1 kleine Zwiebel, geschält, kleinwürfelig geschnitten
1 Schuss Weinbrand
Salz, Pfeffer

Die oberste Schimmelschicht vom Käse entfernen und diesen dann mit einer Gabel fein zerdrücken.
Das QimiQ glatt rühren, Gorgonzola, Sauerrahm und Zwiebeln dazugeben und alles gut vermischen.
Den Dip mit Pfeffer und eventuell mit etwas Salz – falls der Käse sehr mild ist – abrunden.

Eingelegte Paprikaschoten

je 2 gelbe, grüne und rote Paprika
3 Knoblauchzehen, geschält
Salz, Pfeffer
4 EL Weißweinessig
8 EL kaltgepresstes Olivenöl
frischer Oregano, fein gehackt

Was Sie sonst noch brauchen:
gut verschließbares Glas

Die Paprika vierteln, entkernen und die Paprikastücke mit der Hautseite nach oben auf ein Backblech legen. Ganz wenig Wasser auf das Blech geben und die Paprika im Rohr bei 200 °C so lange braten, bis die Haut Blasen wirft oder aufplatzt. Die Schoten aus dem Herd nehmen und sofort mit kaltem Wasser abschrecken – danach lässt sich die Paprikahaut ganz leicht abziehen. Dann die Paprikateile in ca. 3 cm große Stückchen schneiden. Knoblauch hacken und mit Salz zerdrücken. Für die Marinade Essig mit Öl vermischen, Knoblauch, Pfeffer und Oregano beifügen und das Ganze nochmals gut durchmischen. Die Paprikastückchen in ein gut gesäubertes verschließbares Glas (Rexglas, Schraubdeckelglas) geben, die Marinade darüber gießen, das Ganze verschließen und mindestens 12 Stunden im Kühlschrank marinieren lassen.

Tipp!

Die Paprika sollten nicht zu kalt serviert werden, damit sie ihren Geschmack und ihr Aroma voll entfalten können. Paprika sind überhaupt sehr kälteempfindlich – man sollte sie nicht unter 8 °C lagern, da sie sonst runzelig werden.

Eingelegte Zucchini

600 g kleine Zucchini
4 Knoblauchzehen, geschält
Salz, Pfeffer
8 Basilikumblätter
6 EL kaltgepresstes Olivenöl
4 EL Balsamico-Essig

Die Zucchini putzen, die Stielansätze abschneiden und die Zucchini in 1/2 cm große Scheiben schneiden.
Die Knoblauchzehen fein hacken und mit Salz und Pfeffer vermischen.
Die Basilikumblätter fein hacken.
In einer Pfanne 1 EL Öl erhitzen und die Zucchinischeiben darin beidseitig braun braten. Dann die gebratenen Zucchinischeiben lagenweise in eine Schüssel geben und jede Lage mit der Knoblauch-Salz-Pfeffer-Mischung und mit Basilikumblättern bestreuen sowie mit etwas Essig beträufeln. Das Ganze mit dem Rest an Essig, Öl und Basilikumblättern abschließen, mit einem Teller bedecken und diesen beschweren.
Die Zucchini mindestens zwei Tage im Kühlschrank marinieren lassen.
Beim Servieren sollten sie Raumtemperatur haben.

Eingelegter Schafkäse

500 g Schafkäse
100 g schwarze Oliven, entkernt
3 Rosmarinzweige, Nadeln abgerebelt und fein gehackt
1 große Zwiebel, geschält
2 rote Chilischoten, halbiert und entkernt
1/2 l kaltgepresstes Olivenöl

Was Sie sonst noch brauchen:
gut verschließbares Glas

Den Käse in 1 cm dicke Scheiben schneiden und mit den Oliven vermischen. Das Ganze in ein Glas geben und den Rosmarin darüber streuen.
Die Zwiebel in Ringe schneiden und mit den Chilischoten auf den Käse geben, das Olivenöl darüber gießen, das Ganze gut verschließen und für mindestens 24 Stunden kühl stellen.

Mixed Pickles

250 g Karotten, geputzt
125 g Staudensellerie, geschält
400 g Champignons, geputzt
5 Schalotten, geschält
5 Knoblauchzehen, geschält
4 Chilischoten, halbiert und entkernt
2 Dillzweige
1/2 l Wasser
10 EL Weißweinessig
1 TL Zucker
Pfeffer, 1 TL Senfkörner, 2 Lorbeerblätter

Was Sie sonst noch brauchen:
gut verschließbares Glas

Die Karotten in 1 cm dicke Scheiben und den Sellerie in 2 cm große Stücke schneiden. Die Champignonstiele etwas kürzen, die Haut von den Köpfen abziehen und die Pilze in 1 cm dicke Stücke schneiden.
Die Schalotten vierteln und den Knoblauch feinwürfelig hacken.
Die Gemüsestückchen miteinander vermischen, die Dillzweige unterheben und alles zusammen in ein Glas geben.
Wasser mit Essig, Zucker, Pfeffer, Senfkörnern und Lorbeerblättern aufkochen und dann abkühlen lassen. Danach das Ganze abseihen, die Knoblauchwürfelchen und die Chilischoten beifügen und diesen Gewürzsud über das Gemüse gießen, sodass es bedeckt ist. Das Glas gut verschließen und die Pickles im Backrohr bei 100 °C 1 Stunde lang sterilisieren.

Tipp!

Mixed Pickles passen hervorragend zu Faschiertem.

Stachelbeer-Relish

1 kg grüne Stachelbeeren
500 g Zwiebeln, geschält
300 g Rosinen
250 g brauner Zucker
1 TL englisches Senfpulver
1/2 TL Cayennepfeffer
1 TL Kurkuma
Salz
1 EL Ingwer, frisch gemahlen
1/4 l milder Weißweinessig

Was Sie sonst noch brauchen:
gut verschließbare, sterile Gläser

Die Stiele der Stachelbeeren entfernen, die Beeren klein schneiden und die Zwiebeln fein hacken.
Stachelbeeren mit Zwiebeln, Rosinen, Zucker, Senfpulver, Cayennepfeffer, Kurkuma, Salz, Ingwer und Essig unter ständigem Rühren ein Mal aufkochen lassen, dann die Hitze reduzieren und das Ganze ca. 40 Minuten zugedeckt köcheln lassen – gelegentlich umrühren.
Das Relish abschmecken und noch heiß in Gläser füllen. Den Glasrand jeweils gut säubern, die Gläser verschließen, abkühlen lassen und kühl und dunkel aufbewahren.

Tipp!

Probieren Sie das Relish zu Speisen mit nicht stark ausgeprägtem Eigengeschmack – etwa Fisch, Kalb und Huhn –, es verleiht diesen einen pikant-frischen Touch.

Eingelegte Birnen

1 1/2 kg feste Birnen
10 Gewürznelken
1 unbehandelte Zitrone
30 g Ingwerwurzel, geschält
1/2 l Wasser
1/2 l weißer Essig
400 g Zucker
2 kleine Zimtstangen
1 Msp. Muskatnuss, gerieben

Was Sie sonst noch brauchen:
sterile Einmachgläser
Einmachpapier

Die Birnen schälen, halbieren, Kerngehäuse entfernen und die Birnenhälften mit Nelken spicken.
Die Zitrone schälen und die Schale in dünne Streifen schneiden. Den Ingwer feinblättrig schneiden.
Das Wasser mit Essig und Zucker aufkochen lassen, Zitronenschale, Ingwer, Zimtstangen und den Muskat hinzufügen.
Die Birnen in den Sud geben und 10 Minuten zugedeckt ziehen lassen, danach auf die Gläser verteilen.
Den Sud nochmals zugedeckt ca. 20 Minuten bei schwacher Hitze köcheln lassen und noch heiß über die Birnen gießen. Diese sollten zur Gänze mit Sud bedeckt sein. Die Gläser mit Einmachpapier verschließen, abkühlen lassen und kühl und dunkel aufbewahren.

Tipp!

Eingelegte Birnen esse ich gerne als Beilage zu Kalb- und Entenfleisch.

Apfel-Chutney süßsauer

1 1/2 kg säuerliche Äpfel
500 g Zwiebeln, geschält
1 EL Senfkörner
350 g Rosinen, gewaschen
400 g brauner Zucker
3/8 l Weißweinessig
1 TL Ingwer, frisch gerieben
1/2 TL Cayennepfeffer

Was Sie sonst noch brauchen:
gut verschließbare, sterile Gläser

Die Äpfel schälen, vierteln und das Kerngehäuse entfernen. Die Zwiebeln würfelig schneiden. Die Senfkörner im Mörser zerstoßen.
Die Apfelstücke, die Zwiebelwürfel und die Rosinen mit Zucker, Senfkörnern, Essig, Ingwer und Cayennepfeffer in einem Topf unter Rühren zum Kochen bringen. Danach das Ganze bei schwacher Hitze so lange köcheln lassen, bis es dickflüssige Konsistenz annimmt – dabei gelegentlich umrühren. Das Chutney noch heiß in Gläser füllen und diese gut verschließen.

Tipp!

Das Chutney eignet sich hervorragend als geschmacklicher Akzent zu hellem Fleisch.

Fisolen-Chutney

1 kg Fisolen, geputzt
2 l Wasser
Salz
500 g Zwiebeln, geschält
0,7 l Essig
etwas Stärkemehl
1 kg brauner Zucker
1 1/2 EL Dijonsenf
1 EL Kurkuma

Was Sie sonst noch brauchen:
gut verschließbare, sterile Gläser

Die Fisolen in kleinere Stücke schneiden, in kochendes Salzwasser einlegen und – zugedeckt – bei schwacher Hitze 25 Minuten köcheln lassen, danach abseihen und abkühlen lassen.
Die Zwiebeln fein hacken und in 1/4 l Essig glasig kochen. Das Stärkemehl mit dem restlichen Essig verrühren, Zucker, Senf und Kurkumapulver dazugeben, und das Ganze bei mittlerer Hitze unter ständigem Rühren einmal aufkochen lassen. Danach einen Deckel so auf den Topf setzen, dass noch ein Spalt offen bleibt, und den Sud bei schwacher Hitze ca. 8 Minuten köcheln lassen.
Die Fisolen in den Sud geben und das Ganze weitere 15 Minuten kochen lassen. Danach das noch heiße Chutney in Gläser füllen und diese gut verschließen.

Tipp!

Dieses Chutney harmoniert speziell mit Rind und Lamm.

Gemüse-Chutney

100 g Perlzwiebeln, abgetropft
3 kleine Essiggurkerln
250 g Karfiol, in Röschen zerteilt
1/2 Salatgurke, geschält
250 g Fisolen, geputzt
1/4 l Wasser
1/4 l Weißweinessig
1 Msp. Macispulver
etwas Muskatnuss, gerieben
Pfeffer
1 TL Dijonsenfpulver
2 EL Currypulver
1 Msp. Safran
4 EL Zucker

Was Sie sonst noch brauchen:
gut verschließbare und sterile Gläser

Die eingelegten und die frischen Gemüse feinwürfelig schneiden, alles in einen Topf geben und Wasser sowie Essig hinzufügen.
Die Gewürze und den Zucker unterrühren. Das Ganze bei schwacher Hitze köcheln lassen, bis die Flüssigkeit verdampft ist und die Gemüsemischung eine breiartige, dickliche Konsistenz angenommen hat.
Das Chutney abschmecken, noch heiß in Gläser füllen und gut verschließen.

Tomaten-Chutney

350 g reife Tomaten
3 mittelgroße Zwiebeln
1 Knoblauchzehe, geschält
2 grüne Chilischoten, halbiert und entkernt
1/4 l Weißweinessig
1/2 Zimtstange
Salz
1/2 Bund Petersilie, fein gehackt
250 g Zucker
etwas Ingwer, frisch gerieben
6 Gewürznelken
1/8 l Öl
2 EL Senfkörner

Was Sie sonst noch brauchen:
gut verschließbare und sterile Gläser

Die Tomaten blanchieren und die Haut abziehen. Dann die Tomaten halbieren, die Kerne herausschaben und das Fruchtfleisch würfelig schneiden.
Die Zwiebeln, die Knoblauchzehe und die Chilischoten kleinwürfelig hacken.
Die Tomatenwürfel mit Zwiebeln, Essig, Zimtstange und Salz bei mittlerer Hitze aufkochen. Chili, Knoblauch, Petersilie, Zucker, Ingwer und Nelken unterrühren und das Ganze ca. 8 Minuten unter ständigem Rühren köcheln lassen.
Das Öl in einer Pfanne erhitzen, die Senfkörner darin ca. 1 Minute anbraten und danach zum Chutney geben. Das Ganze nochmals aufkochen und so lange köcheln lassen, bis sich die Masse eindickt. Das noch heiße Chutney in Gläser füllen und diese gut verschließen.

Ingredienzien

Die wichtigsten Kräuter und Würzstoffe

Basilikum

Die Heimat des Basilikums ist Indien, wo es als heilige Pflanze verehrt wird, weil es Insekten vertreibt. Es duftet intensiv und hat glatte, leicht gewölbte, grüne oder violett-rote Blätter. Es steht unverzichtbar für mediterranen Würzgeschmack. Es lässt sich sehr gut trocknen. Man kann es aber auch frisch – auf Vorrat – zu Pesto verarbeiten.

Chili

Die roten kleinen Chilischoten sind in der Regel die feurigsten. Für die Schärfe verantwortlich ist der Wirkstoff Capsaicin, der vor allem in den weißen Trennwänden samt den anhängenden Samen konzentriert ist. Wie viel davon man belässt bzw. entfernt, ist ausschlaggebend für die Würzung.

Chilisauce

Diese Sauce gibt es in verschiedenen Varianten, so u. a. die scharfe Chilisauce und die süße Thai-Sauce. Die scharfe besteht aus Chili, Salz und Essig – die süße enthält Ingwer, Knoblauch, Zucker, Salz, Essig und Chili.

Dille

Sie stammt vermutlich aus Vorderasien und hat fein gefiederte, stark aromatische Blätter. Man sollte sie möglichst frisch verwenden – nicht mitkochen lassen! Dille lässt sich schlecht trocknen, aber man kann sie einfrieren.

Essig

Grundsätzlich unterscheidet man zwei Arten von Essig: reinen Gärungsessig und aromatisierten Weinessig. Zum Gärungsessig zählt u. a. auch der legendäre Balsamico-Essig. Bei der zweiten, weitaus preisgünstigeren Herstellungsvariante wird industriell hergestellter Essig ganz einfach mit Aromastoffen versehen. Dieser kann Ihren Salat eher säuern als veredeln.

Ingwer

Er wird oft für ein orientalisches Gewürz gehalten, doch schon die Griechen und Römer in der Antike benutzten ihn als Heilmittel. Der beste Ingwer kommt aus Jamaika.
Die Chinesen schätzen ihn so sehr, dass sie ihn für etwa die Hälfte aller ihrer Arzneimittel verarbeiten. Die Wurzel wird erst geerntet, nachdem im Herbst die Blätter abgestorben sind.
Frischer Ingwer schmeckt völlig anders als

gemahlener und hält sich – feucht eingewickelt – im Kühlschrank bis zu 4 Wochen. Er wird mit einem scharfen Messer geschält und dann gerieben. Eingelegter Ingwer ist an seiner rötlichen Farbe zu erkennen – er wird als Beilage zu Sushi gereicht.

Kapern

Üblicherweise erhält man unter dieser Bezeichnung die in Essig eingelegten Knospen der Kapernpflanze. Vor der Verarbeitung sollte man sie gut abtropfen lassen. Seit einiger Zeit sind auch eingelegte Kapernbeeren – also die Früchte des Strauchs – im Vormarsch.

Kokosmilch

Diese Milch – in Dosen und als Pulver erhältlich – verleiht jedem Essen eine karibische Note.

Lorbeer

Die Pflanze war den Griechen und Römern heilig – sie flochten ihren Helden Lorbeerkränze. Die Blätter können das ganze Jahr über gepflückt und frisch verwendet werden. Sie eignen sich bestens zum Würzen von Suppen, Fisch und Mixed Pickles.

Majoran

Er ist sehr nahe mit dem Oregano verwandt, hat jedoch ein völlig anderes Aroma. Der Duft wirkt entspannend. Das Gewürzkraut lässt sich sehr gut trocknen und passt hervorragend zu Fleisch und Geflügel – etwa Ente –, aber auch zu Kartoffelgerichten.

Minze

Die Pfefferminze ist heutzutage vermutlich die gebräuchlichste Heilpflanze des Westens. Schon die Ägypter und die Römer benutzten sie als Gewürz. Doch weiter im Norden blieb England lange Zeit das einzige Land, in dem Minze nicht nur für Tee, sondern auch zum Würzen verwendet wurde. Es gibt eine Vielzahl von Minzarten, die alle – fein nuanciert – unterschiedlich schmecken. Minze passt vorzüglich zu Lamm, aber auch zu Gemüse wie Karotten und zu Gurkensalat.

Oregano

Er ist im mediterranen Raum zu Hause, und bei uns vor allem als das typische Pizzagewürz bekannt. Aber auch Tomaten- und Gemüsegerichten sowie Grillspeisen verleiht Oregano mediterrane Würze. Richtig getrocknet, bewahren die Blättchen lange Zeit ihr typisches Aroma.

Pancetta

Aus Italien kommt dieser durchwachsene Bauchspeck, der sich durch intensiven, feinen Geschmack auszeichnet.

Petersilie

Bei den Griechen wurde sie als heiliges Kraut der Götter verehrt und folglich nicht gegessen. Wir hingegen verwenden sowohl die Wurzel als auch die Blätter, die – je nach Sorte – kraus oder glatt sein können. Petersilie ist ein Universalgewürz für Suppen, Saucen, Kartoffeln und viele Gemüsegerichte. Petersilie gehört aber auch unbedingt – und sei es nur als aromatische Garnitur – zu allem Gegrillten! Man kann sie gut trocknen und einfrieren.

Pfeffer

Am besten schmeckt er frisch gemahlen. Zum Nachwürzen sollte immer eine Pfeffermühle bereitstehen.

Rosmarin

Diese Gewürzstaude – eine altbekannte Gartenpflanze – schützt angeblich mit

Rosmarin

Schwarzkümmel

Sojasauce

Thymian

Dille

Paprika

Kokosmilch

Zucchini

Petersilie

Oregano

Chili
Minze
Zitronengras
Ingwer
Fenchel
Lorbeer
Basilikum
Pfeffer
Tomaten
Majoran

Zauberkraft gegen böse Geister. Ihre ledrignadelartigen Blätter verleihen vielen mediterranen Speisen – speziell Geflügel – ihren unverwechselbaren Geschmack.

Rucola

Die Pflanze erfreut sich seit einigen Jahren – forciert von den Freunden der italienischen Küche – wachsender Beliebtheit. Rucola wird immer nur frisch verwendet und aufgrund seines leicht nussig-scharfen Geschmacks meist zu anderen Blattsalaten dazugemischt.

Salz

Es entzieht dem Gewebe Flüssigkeit, daher sollte man Gegrilltes immer erst vor dem Servieren salzen. Am besten verwendet man Meersalz, das es in verschiedener Konzentration und unterschiedlicher Körnung gibt.

Schwarzkümmel

Das Gewächs stammt aus Vorderasien. Es hat fiederteilige Blätter und bildet im Herbst Kapseln aus, in denen sich die nach Anis schmeckenden Samen befinden. Als Würze eignen sie sich nicht nur für Gebäck, sondern auch für Gemüse- und Fleischgerichte.

Senfkörner

Vor der Weiterverarbeitung sollte man sie 15 bis 20 Minuten kochen. Die Knackigkeit der Körner verleiht jeder Sauce einen ganz besonders raffinierten Effekt. Weiße Senfkörner sind am mildesten, braune schon etwas schärfer, am intensivsten schmecken die schwarzen Körner.

Sesamöl

Das Öl kommt aus Asien und wird aus gerösteten Sesamsamen hergestellt.

Sojasauce

Helle Sojasauce ist dünnflüssig und von eher leichtem, salzigem Aroma. Sie eignet sich ideal zum Kochen, weil sie dabei nicht bitter wird.
Dunkle Sojasauce ist etwas länger gereift, dickflüssiger und einen Hauch süßer. Ideal als Dip für Sushi oder zum Würzen für deftige Fleischgerichte.
Süße Sojasauce ist meist mit Zucker angereichert und gut zum Abschmecken von Saucen geeignet.

Thymian

Die aromatisch duftende Staude ist ein häufig verwendetes Heil- und Küchenkraut. Die Pflanze hat dünne, drahtige Triebe mit schmalen, länglichen Blättern. Sie lässt sich sehr gut trocknen und dann abrebeln. Thymian passt zu fast allen Speisen, besonders aber zu Kartoffelgerichten und Wild.

Trüffelöl

Dieses erlesene Öl mit seinem erdigen Aroma schmeckt köstlich auf Nudeln, Risotto und Salaten.

Zitronengras

Dieses Gewürz spielt in der indonesischen Küche eine große Rolle. Man kann es überall dort verwenden, wo Zitronengeschmack im Vordergrund stehen soll. Es passt besonders gut zu Geflügel, Fisch und Meeresfrüchten. Man kann einfach ganze Halme mitgaren oder das Zitronengras klein hacken, dann schmeckt es noch wesentlich intensiver, allerdings sollte man hierfür nur den weißen Halmteil verwenden. Frisches Zitronengras hält sich im Kühlschrank bis zu einer Woche.

Das perfekte Rundherum

Deko-Tipps und andere Anregungen

Jede Grill-Party ist etwas Besonderes. Was gibt es Schöneres, als in freier Natur mit Freunden beim gemütlich knisternden und verlockende Düfte verbreitenden Grill zu sitzen und die Zwanglosigkeit des Zusammenseins mit allen Sinnen zu genießen. Daher sollten nicht nur die Gaumenfreuden gut geplant werden, sondern auch die Dekoration für Tisch, Garten, Balkon oder Terrasse, damit das Ganze auch ein Augenschmaus wird.
Ob großes Sommerfest oder intime Grillparty – wichtig ist auch hier die Planung und Vorbereitung. Je mehr Sie schon vorweg erledigen können, desto eher können Sie die Party als Ihr eigener Gast genießen. Hier habe ich einige wichtige Tipps zusammengestellt.

Thema

Wie wäre es mit einem Motto für die Party, – z. B. „Viva l'Italia!"? Das macht bestimmt auch Ihren Gästen Spaß. Italienische Musik und die entsprechende Dekoration bringen Ihre Gäste ganz bestimmt in Urlaubsstimmung. Dazu servieren Sie Ihnen italienische Köstlichkeiten – eventuell auch Antipasti – und Getränke.
Auch Servietten, Tischdecken und Blumenschmuck sollten auf das Thema abgestimmt und z. B. in Grün-Weiß-Rot gehalten oder auch maritim inspiriert sein. Lassen Sie Ihre Fantasie spielen!

Der Tisch

Das Wichtigste ist der Tisch, auf dem alle Speisen Platz haben sollten. Fragen Sie bei Bedarf ruhig beim Nachbarn an, ob er Ihnen aushilft. Stellen Sie die Tische aneinander und legen Sie breite Tischtücher darüber.
Neben dem Esstisch brauchen Sie aber unbedingt noch einen Tisch als Buffet, auf dem Sie zusätzlich Gläser, Teller, Besteck, aber auch Gebäck, Getränke und Gewürze – unbedingt Salz, Pfeffer, Olivenöl und Balsamico-Essig – deponieren können.

Tischdeko

Gleich viel Zeit wie für die Vorbereitung der Speisen, sollte man sich fürs Tischdecken nehmen. Denn wie heißt es so schön: „Das Auge isst mit!"
Für Tische mit pflegeleichter, dekorativer Oberfläche gilt: Auf farblich passende Platzdeckchen sollten Sie dennoch nicht verzichten! Ist der Tisch aber nicht gerade ein Herzeigestück, verschwindet er am besten unter einer schönen Tischdecke – farblich dazu abgestimmte Servietten nicht vergessen!
Ein paar Blüten – oder auch nur Blütenblätter – auf der Tischdecke verstreut, wirken sensationell.
Und kleine Kräuterbouquets – gleich auf den Tellern angerichtet oder zwanglos über die Tafel verteilt – runden das Ganze perfekt ab.

Geschirr

Lassen Sie wertvolles Tafelgeschirr und das kostbare Silberbesteck im Haus – es wäre nur deplatziert. Für die Grillparty darf's ruhig rustikal – und vor allem robust – sein. Falls Sie überlegen, eigens passendes Geschirr anzuschaffen, sei gesagt: Sommerliche Motive in hellen, aber auch kräftigen Farben zaubern Ferienstimmung

auf jeden Tisch. Wunderschön sind glasierte Terrakottateller und -schüsseln.
Eine Alternative zu farblosem Edelstahlbesteck sind spezielle Grillbestecke mit Griffen aus Holz oder aus Kunststoff. Letztere sind in vielen Farben erhältlich.
Damit das Besteck nicht einfach so herumliegt, geben Sie es in einen entsprechenden Behälter, und dekorieren Sie diesen rundum z. B. mit Kräutern. Das sieht nicht nur hübsch aus, es schafft auch Ordnung und spart Platz.

Sonnenschutz

Damit Ihnen die Sonne nicht zu sehr zusetzt und kurze Regengüsse nicht zum sofortigen Abbruch Ihres Grillfestes führen, sollten Sie für entsprechenden Schutz sorgen. In Baumärkten ist vom großen Sonnenschirm über offene Zeltdächer bis zu exklusiven Partyzelten alles erhältlich.

Beleuchtung

Je tiefer die Sonne sinkt, desto wichtiger wird die Beleuchtung. Duftlampen und Zitronenkerzen erfüllen gleich mehrere Aufgaben: Sie halten lästige Insekten fern, geben ein angenehmes Licht und sind schöne Tischdekos.
Auch Teelichter machen sich gut: Sie können diese verstreut über den ganzen Tisch verteilen. Oder Sie füllen eine große flache Schüssel mit Wasser und setzen die Teelichter hinein. Lassen Sie dazwischen auch noch einige Blüten – wenn möglich aus dem eigenen Garten – schwimmen, und fertig ist die romantische Beleuchtung.
Oder Sie füllen hohe, breite Gläser – z. B. Gurkengläser – jeweils zu einem Drittel mit Sand und stecken eine Kerze hinein. Diese muss mindestens drei Zentimeter unter dem Glasrand enden, damit sie nicht vom Wind ausgeblasen werden kann.
Muscheln, die Sie als Urlaubserinnerung mitgebracht haben, können Sie rund um die Kerzen in den Sand stecken – so finden sie endlich Beachtung.
Besonders stimmungsvolles Licht verbreiten Fackeln, die Sie entweder in die Erde oder in geeignete Gefäße stecken. Dazu braucht es allerdings einen passenden Platz: Die Umgebung darf nicht zu trocken sein, und der Abstand von den Fackeln zu Pflanzen muss ausreichend bemessen sein.
Oberstes Gebot: Offenes Feuer – egal welcher Art – stets unter Beobachtung halten!
Papierlampions in Sträuchern oder Bäumen schaffen eine fröhlich-festliche Atmosphäre. Stimmungsvoll sind auch Lichterketten mit nach verschiedenen Motiven gestalteten Lämpchen. Solche Girlanden sind in unterschiedlichen Längen in Baumärkten erhältlich.

Blumen

Auch wenn im Garten oder auf dem Balkon gefeiert wird und ringsum Blumen in ihrer ganzen Pracht zu sehen sind, sollte der Blumenschmuck auf dem Tisch nicht fehlen. Bedenken Sie dabei vor allem, dass niemand erfreut ist, wenn er oder sein Gegenüber von einem riesigen blühenden Arrangement verdeckt wird – und sei's auch noch so schön!
Verwenden Sie Kräuterzweige als Serviettenringe – das sieht im wahrsten Sinne des Wortes duftig aus.
Halten Sie für mitgebrachte Blumen Vasen bereit. Auch hier gilt: Exklusives sollte in der Vitrine bleiben. Mein Vorschlag: Nehmen Sie neutrale Eimer aus Weißblech – sie sind in verschiedenen Größen in Malergeschäften erhältlich.

Getränke

An warmen Sommertagen – und zu gut gewürztem Grillgut – wird auch viel getrunken. Stellen Sie also ausreichend

Getränke parat – aber nicht nur alkoholische. Auch Wasser und frisch gepresste Obstsäfte erfreuen so manchen Partygast. Füllen Sie die Säfte in schöne Tonkrüge, das ist nicht nur rustikal-stilvoll, sondern hält die Getränke auch kühl.

Zur Begrüßung der Gäste – und um die Wartezeit beim Grillen zu verkürzen – könnten Sie auch erfrischende Bowlen servieren. Der Vorteil: Man kann sie schon am Vortag ansetzen. Tipp: Spritzen Sie den Ansatz mit Sekt und Mineralwasser – im Verhältnis 1 : 1 – auf. Ihre Gäste werden es Ihnen danken. Außerdem erfreuen farbenfrohe Bowlen auch das Auge.

Vorzugsweise wird zu Gegrilltem Weißwein oder Bier getrunken. Falls Sie auch Rotwein reichen, sollte es eine leichte Sorte sein.

Wichtig ist die Kühlung: Sie ersparen sich das ständige Hinundherlaufen, wenn Sie die Getränke nicht im Kühlschrank, sondern in einer Kühltasche bereithalten. Nicht vergessen, die Kälte-Akkus schon am Vortag ins Gefrierfach zu legen! Oder Sie nehmen zwei verschieden große Plastikschüsseln oder -wannen. In die größere füllen Sie Eiswürfel und stellen dann die kleinere mit den Flaschen hinein. Das hält die Getränke kühl, und die Eiswürfel sind nicht so sehr der Sonne ausgesetzt – Sie sollten das Ganze aber trotzdem unbedingt unter einen Sonnenschirm stellen. Stecken Sie noch Blumen- und Kräuterzweige zwischen die Eiswürfel – bei dieser Getränkebar werden Ihre Gäste aufblühen!

Brot

Brot ist nahezu die wichtigste Beilage. Sorgen Sie also für genügend Vorrat! Verwöhnen Sie Ihre Gäste doch einmal mit selbst Gebackenem: Ein hervorragendes Olivenbrotrezept finden Sie auf Seite 141.

Aber auch mit Kräuter- oder Knoblauchbutter präparierte, gegrillte Baguettes erfreuen den Gaumen. Stellen Sie das fertige Brot – am besten aufgeschnitten und auf mehreren Terrakottaschalen verteilt – bereit, sodass jeder Gast unbeschwert zugreifen kann.

Teilstücke vom Rind

- Englische
- Gustostücke vom Kröpfel
- Gustostücke vom Vorderviertel
- Hinteres
- Gulaschfleisch
- Vorderes

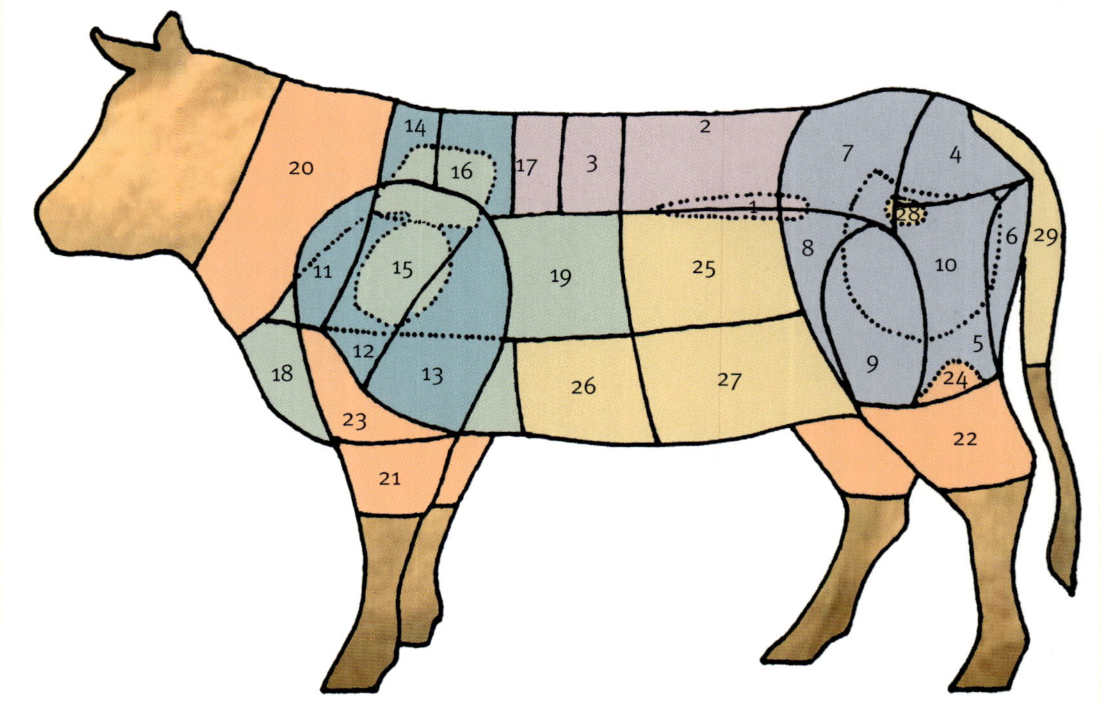

1. Lungenbraten
Dünsten, Braten, Grillen

2. Beiried
Dünsten, Braten, Grillen

3. Rostbraten
Dünsten, Braten, Grillen

4. Tafelspitz
Dünsten, Braten

5. Tafelstück
Dünsten, Braten

6. Weisses Scherzel
Dünsten, Kochen

7. Hüferscherzel
Dünsten, Braten, Kochen, Grillen

8. Hüferschwanzel
Dünsten, Kochen

9. Nuss
Dünsten, Braten, Grillen

10. Schale
Dünsten, Braten

11. Mageres Meisel
Dünsten, Braten, Grillen

12. Schulterscherzel
Dünsten, Braten

13. Dicke Schulter
Dünsten, Kochen

14. Hinteres Ausgelöstes
Dünsten, Kochen, Grillen

15. Kavalierspitz
Kochen

16. Kruspelspitz
Kochen

17. Rieddeckel

18. Brustkern
Kochen

19. Beinfleisch
Kochen

20. Hals
Kochen

21/22. Vorderer und hinterer Wadschinken
Kochen

23. Bugscherzel

24. Wadelstutzen

25. Riedhüfel

26. Mittl. und Dünnes Kügerl

27. Bauchfleisch

28. Fledermaus

29. Schlepp

Teilstücke vom Kalb

1. Filet
Braten, Grillen

2. Karree
Braten, Grillen

3. Nierenbraten
Braten, Grillen

4. Kaiserteil (Schale)
Braten, Grillen

5. Nuss
Kochen, Braten, Grillen

6. Fricandeau
Dünsten, Braten, Grillen

7. Fricandeau – Rolle
Dünsten, Braten, Grillen

8. Schlussbraten
Dünsten, Braten, Grillen

9. Schulter
Dünsten, Kochen, Grillen

10. Hals
Dünsten, Kochen, Grillen

11. Brust
Dünsten, Kochen, Grillen

12. Wammerl
Dünsten, Kochen, Grillen

13. Vord. und Hint. Stelze
Kochen, Grillen

14. Stelze, ausgelöst „Vögerl“
Braten, Grillen

Teilstücke vom Schwein

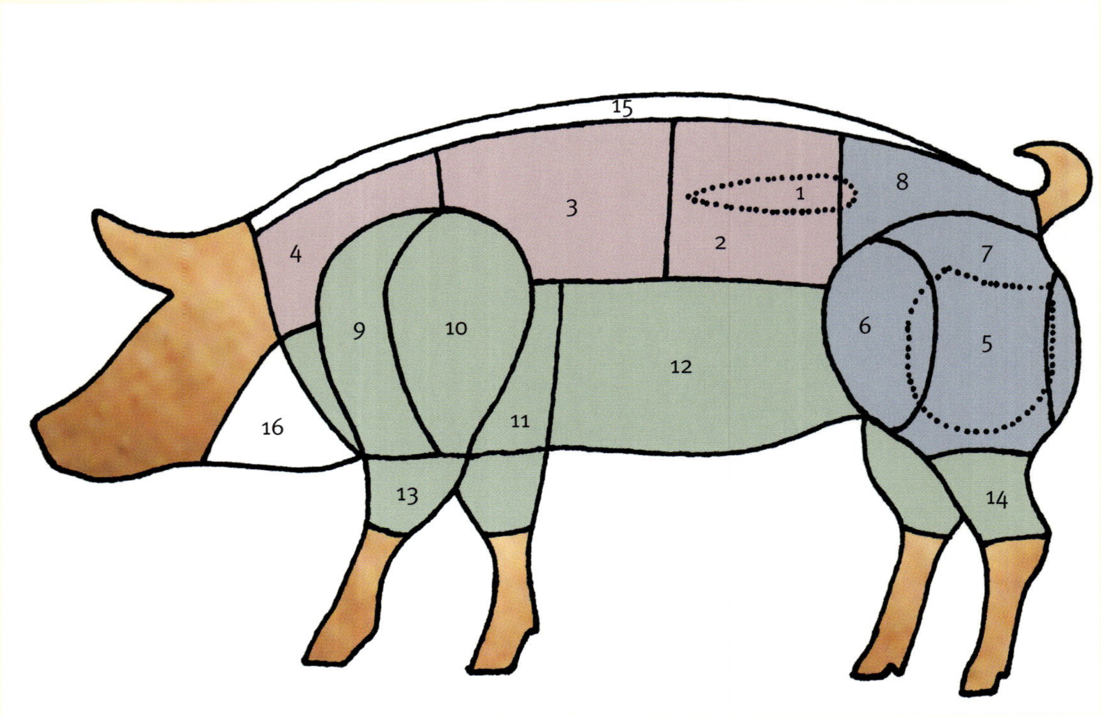

1. Filet (Lungenbraten)
Braten, Grillen

2. Kurzes Karree
Dünsten, Braten, Grillen

3. Langes Karree
Braten, Grillen

4. Schopf
Braten, Grillen

5. Kaiserteil (Schale)
Braten, Grillen

6. Nuss
Kochen, Braten, Grillen

7. Fricandeau
Braten, Grillen

8. Schlussbraten
Dünsten, Braten, Grillen

9. Dünne Schulter
Dünsten, Kochen, Grillen

10. Dicke Schulter
Dünsten, Kochen, Grillen

11. Brust
Dünsten, Kochen, Grillen

12. Bauch
Braten, Dünsten, Kochen, Grillen

13. Vordere Stelze
Braten, Kochen, Grillen

14. Hintere Stelze
Braten, Kochen, Grillen

15. Speck

16. Göderl

Teilstücke vom Lamm

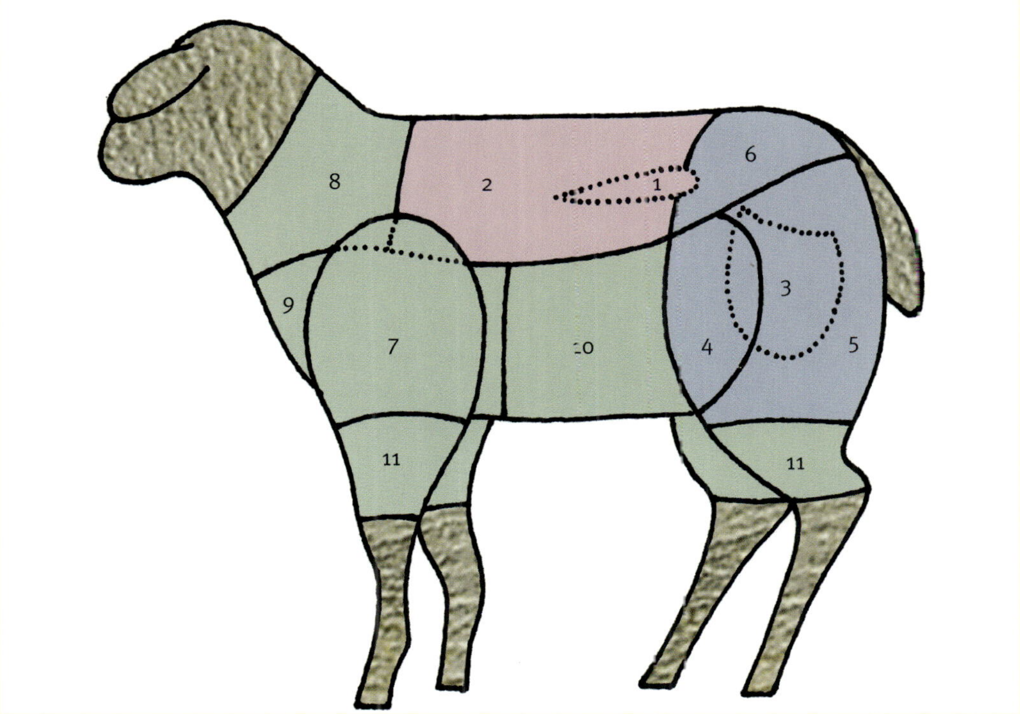

1. Filet
Braten, Grillen

2. Rücken
Braten, Grillen

3. Karree
Braten, Grillen

Schlögel im Ganzen

Schlögel ohne Knochen

3. Schale
Braten, Grillen

4. Nuss
Dünsten, Braten, Grillen

5. Fricandeau
Dünsten, Braten, Grillen

6. Schlussbraten
Dünsten, Braten, Grillen

7. Schulter im Ganzen

7. Schulter ohne Knochen
Dünsten, Kochen, Grillen

8. Hals
Dünsten, Kochen, Grillen

9. Brust
Dünsten, Kochen

10. Wammerl
Dünsten, Kochen

11. Vordere und Hintere Stelze
Dünsten, Braten, Kochen, Grillen

Rezepte von A bis Z

Rezepte nach Kapiteln

Glossar

Abschrecken
Gekochtes oder Blanchiertes wird kurz unter kaltem Wasser abgekühlt.

Anschwitzen
Bratgut, z. B. Zwiebel, wird kurz angeröstet. Es soll aber keine Farbe nehmen.

Blanchieren
Kurzes Kochen bzw. Überbrühen von Gemüse, Obst etc., um die Farbe zu erhalten oder auch das Schälen zu erleichtern.

Garprobe
Die Dauer des Grillvorgangs hängt im Wesentlichen davon ab, wie man das Fleisch zubereitet haben will. In jedem Fall gilt: Selbst das saftigste Fleisch wird durch zu langes Grillen trocken. Der Garzustand wird am besten mit einem Löffel geprüft.

Fleisch
Rare (blutig): Das Fleisch fühlt sich weich an, das heißt, es federt stark nach und ist im Kern noch roh.
Medium (halbdurch): Bei leicht federndem (elastischem) Nachgeben ist es im Kern noch rosa.
Well done (durch): Fühlt sich das Fleisch eher hart an, ist es auch im Inneren durchgegart.
Bevor man ein Stück Fleisch vom Rost serviert, sollte es einige Minuten ruhen können, damit sich der Fleischsaft im Inneren verteilen kann. Am besten wickelt man das fertig gebratene Stück in Alufolie, um es warm zu halten.

Fisch
Ein ganzer Fisch ist dann durch, wenn sich die Rückenflosse leicht herausziehen lässt. Für Filets gelten dieselben Richtlinien wie für Fisch.

Geflügel
Ganzes Geflügel ist gar, wenn das Fleisch der Keule auf Löffeldruck nicht mehr nachgibt und beim Anstechen klarer Saft austritt.

Geklärte Butter
Butter bei mittlerer Hitze zergehen lassen und den entstandenen Schaum entfernen. Vorsicht, der dunkle Bodensatz sollte im Topf bleiben. Geklärte Butter verleiht Saucen einen intensiveren Geschmack, ist hitzebeständig und kann somit zum Braten verwendet werden.

Plattieren
Fleisch wird entweder mit einem Plattiereisen oder mit dem Handballen vorsichtig auf die gewünschte Dicke geklopft. Dadurch wird es auch mürber.

Schröpfen
Kreuzweises Einschneiden der Hautoberfläche, vorzugsweise bei Schweinefleisch, damit das Fett beim Braten ausrinnen kann.

Ziselieren
Das vorsichtige Einschneiden der Haut z. B. von zarten Fischen, um dann in die Einschnitte Kräuter etc. zu platzieren.